KLHE *finance*

À propos de l'auteur

Christopher Klein est l'un des auteurs de livres sur la finance les plus célèbres en Allemagne. À l'âge de 26 ans, il a écrit, avec le co-auteur Jens Helbig, ces deux premiers ouvrages « Tag auf Tag im Hamsterrad » et « Der Hamster verlässt das Rad ». Ses livres « Die Faulbär-Strategie zur Million » (traduit en français : « Millionnaire avec la stratégie du paresseux ») (2017) et « Ökoethinvesting » (2018) ont été de véritables best-sellers sur Amazon et cités dans des magazines financiers renommés (Bank & Environment 11/2018) et (Focus-Money 05/2018).

La littérature financière de Christopher Klein est fondamentalement différente des autres. Tandis que les livres financiers allemands sont habituellement mornement théoriques ou ennuyeusement neutres, la motivation de Klein est de proposer autre chose. Dans ses livres, il explique en termes simples les problèmes et les défis réels de notre époque, en les complétant par ses propres expériences, ses stratégies pratiques et des instructions de type Do-It-Yourself immédiatement applicables. Sa devise : « en finir avec la littérature financière ennuyeuse ! » se reflète très fortement dans ce livre.

L'auteur est toujours ouvert aux commentaires et aux questions. Le lecteur intéressé peut le contacter via l'adresse e-mail contact@financepreneur.fr.

Les livres de Christopher Klein sont disponibles à l'adresse suivante : *https://www.amazon.fr/Christopher-Klein/e/B07HSYPSFF*

Adieu

métro-boulot-dodo !

Le guide complet sur la liberté financière et la construction d'un capital grâce aux revenus passifs.

2e édition

par Christopher Klein
Traduit de l'allemand par Clément Bourcheix

Mentions légales :

Vous avez des questions et des suggestions :
contact@financepreneur.fr

Adieu, métro-boulot-dodo !
Deuxième édition : janvier 2019
© by GbR : Christopher Klein & Jens Helbig
Un ouvrage de GbR :
Christopher Klein & Jens Helbig
Hortensienstraße 26
40474 Düsseldorf
Allemagne

Auteur : Christopher Klein
Traducteur : Clément Bourcheix
Couverture : Stefan Valerio Meister → www.stefanvaleriomeister.de
ISBN-13 : 978-3947061327

Pour plus d'informations :
Maison d'édition : *www.klhe.de*
Amazon : *www.amazon.fr/Christopher-Klein/e/B07HSYPSFF*
Visitez aussi notre site internet : *www.financepreneur.fr*

Vos bonus avec ce livre

La pratique vient toujours en premier dans nos livres. Au lieu d'une théorie ennuyeuse, vous recevrez des stratégies Do-It-Yourself axées sur la pratique que nous avons testées et conçues nous-mêmes et que nous pouvons donc vous transmettre avec conviction et bonne conscience.

Parce que nous nous soucions de votre développement, nous vous proposons de nombreux bonus et outils pratiques pour renforcer vos connaissances financières. Inscrivez-vous dès maintenant à notre lettre d'information gratuite et reprenez le contrôle de vos finances ! En plus des nombreux bonus et promotions exceptionnelles, vous recevrez gratuitement environ une fois par semaine des conseils importants et des instructions pratiques intéressantes pour vous aider à atteindre votre liberté financière.

Inscrivez-vous maintenant en suivant le lien suivant :

www.financepreneur.fr/devenir-libre-financierement/

Table des matières

179 Des revenus passifs grâce à la location

200 Les 8 plus grosses erreurs que vous devez absolument éviter

205 Conclusion

Préambule

« Quand j'étais jeune, je pensais que l'argent était la chose la plus importante dans la vie et maintenant que je suis vieux, je le sais. »

OSCAR WILDE

Travailler entre 40 et 50 ans de sa vie et pour finalement obtenir une toute petite retraite. C'est le tracé que suit la plupart d'entre nous. Pour ce faire, nous nous installons dans une roue de hamster qui s'accélère de plus en plus au fil du temps. Durant la moitié de notre vie, nous échangeons 5 jours de travail contre 2 jours de liberté et avant même de nous en être rendu compte, nous avons déjà atteint la dernière étape de notre vie - la retraite bien méritée. Un concept de vie que j'ai remis en cause dès la classe de 4e et que les jeunes générations partagent de moins en moins. Néanmoins, la plupart d'entre nous s'installent sur la même roue de hamster que celle de leurs parents et grands-parents.

Pourquoi ?

Il manque à la fois dans les foyers, mais surtout au sein du système d'enseignement (supérieur), une formation théorique et pratique sur l'argent. Mais que pourraient bien nous apprendre les parents et les enseignants lorsque eux-mêmes ne savent que peu de choses sur l'argent, la création de richesses, la liberté financière ou même les revenus passifs ? La seule stratégie de sortie est déterminée par la nature. Nous n'avons pas d'autre choix que d'imiter le comportement de nos semblables. Ne sachant pas, nous sommes aspirés par les contraintes de la roue du hamster. Mais plus nous nous débattons avec elle, moins nous semblons disposer de temps et d'argent. Un dilemme qui touche plus de 90 % de la population.

Il existe des stratégies éprouvées capables de nous protéger contre cela. La solution miracle : générer des revenus passifs. C'est la seule façon réaliste de mener une vie financièrement indépendante et sans problème d'argent.

Cela n'est d'ailleurs plus un secret depuis longtemps. Néanmoins, moins d'un pour cent de la population utilise ce type de revenu. On pourrait presque penser qu'elle préférerait volontairement s'engager dans une dépendance financière à vie. Alors que pour éviter cela, elle devrait seulement travailler un peu plus de temps afin de rendre l'arbre à produire de l'argent plus fertile.

Je vous préviens donc tout de suite. Si vous préférez croire en un « dieu du loto » plutôt que d'investir de façon active cinq minutes par jour dans la construction de revenus passifs alors ce livre n'est pas pour vous.

Qu'est-ce qui vous attend dans ce livre ?

Avec les stratégies présentées dans les chapitres 6 à 9, les ouvriers sont devenus millionnaires. Même ceux qui sont nés milliardaires utilisent les revenus passifs non seulement pour préserver leurs actifs, mais aussi pour les augmenter constamment. Cependant, le revenu passif n'est pas un privilège « des riches et des beaux ». Aujourd'hui, il existe toute une série d'options afin de se constituer une deuxième base financière (passive) avec très peu de capital de départ, en ligne et hors ligne. La récompense n'est pas seulement la perspective triviale d'avoir plus d'argent et donc de pouvoir consommer plus. Cela nous pousserait à nous installer à nouveau dans la roue du hamster. Pour moi, chaque centime de revenu supplémentaire est précieux, car l'argent est un moyen de liberté majeur dans l'ordre économique actuel. À l'âge de 30 ans, grâce aux stratégies présentées dans ce livre, j'ai atteint un revenu mensuel passif à 4 chiffres. Et je sais que les stratégies présentées dans ce livre sont la clé pour ajouter encore quelques zéros de plus.

Soyez donc prêts à apprendre des méthodes qui ne sont ni très complexes, ni ne nécessitent des connaissances poussées en économie, ni ne poussent à prendre des risques financiers absurdes.

Ce livre vous montre comment commencer à créer des revenus passifs dès aujourd'hui et vous rapprocher de la liberté financière étape par étape.

« Ce livre est un vrai manuel. Il montre, étape par étape, comment se constituer un revenu passif - et cela selon vos goûts personnels. Super ! »

AVIS DU LECTEUR MARTIN M.

Martin est un lecteur qui m'a surpris par la rapidité avec laquelle il a compris le concept de « revenu passif », l'a mis en œuvre et a ainsi pu triompher. C'est la preuve que vous pouvez aussi le faire - et plus vite que vous ne l'imaginez pour le moment. Si vous suivez les conseils et astuces de ce livre, vous avez toutes les clés en main pour accumuler un revenu passif en l'espace de quelques semaines et quelques mois. Mais ce ne sera que le début de votre vie financièrement libre et financièrement indépendante !

Pourquoi moi ? Et pourquoi ce livre ?

Depuis de nombreuses années, je travaille sur le concept de « revenu passif ». J'ai développé mon intérêt pour ce sujet dès mes études d'économie et de finance à l'université. J'ai été particulièrement intéressé par les crises financières, qui ont toujours été similaires. Pourquoi les crises se répètent à l'identique alors que, selon le modèle théorique, tout devrait bien fonctionner ? Après des années de recherche, j'ai finalement publié mes réponses, avec Jens Helbig, dans mon premier livre « Tag auf Tag im Hamsterrad » (en français : Jour après jour dans la roue du hamster). À ma grande surprise, ce livre a été un best-seller (en Allemagne). J'y désigne les coupables à travers des modélisations irréalistes et j'expose l'injustice du système économique et monétaire actuel. Mes recherches me conduisent si loin que je crois à l'époque qu'une petite élite financière est sur le point de prendre le contrôle du monde entier. En même temps, je suis surpris de constater à quel point beaucoup de mes camarades de classe restent insensibles à l'égard de ce problème. Même si je m'attends à cela de la part de ceux voulant faire carrière et respectueux de « l'ordre établi ». Toutefois je reste interloqué que la plupart de mes amis « normaux » ne veuillent pas non plus en savoir plus.

Mon hypothèse selon laquelle les études supérieures font de nous de parfaits hamsters prêts à s'installer dans cette grande roue qu'ils feront avancer toute leur vie, finit par se confirmer.

Le grand objectif du système me semble être de faire de nous une génération de parfaits acharnés de travail, non questionnant, qui ne montre pratiquement aucune initiative en ce qui concerne sa situation financière personnelle. Une génération que l'on maintient en esclavage financier en raison d'un manque de formation sur l'argent et d'une incitation à la consommation inutile, cela la rendant donc très facile à contrôler. Ceci uniquement parce que, malgré des décennies de scolarité, elle n'a pas les informations vraiment importantes ! Pour la plupart de mes amis, il n'y a pas d'alternative. Il faut passer par 40 ans de dur labeur pour pouvoir finalement sortir de la roue du hamster à la fin de la soixantaine. Les développements révolutionnaires dans les domaines de l'intelligence artificielle (AI) et de la biotechnologie montrent que ce chemin est déjà voué à l'échec. Ces évolutions technologiques sont si menaçantes que personne ne veut les admettre - et je peux très bien le comprendre.

Mais que se passera-t-il si l'éducation financière, la promotion de ses propres capacités et une prise de conscience ouverte des développements actuels et des nouvelles possibilités sont les conditions préalables les plus importantes pour survivre avec succès au XXIe siècle ?

Mon chemin

En 2010, j'ai décidé de changer quelque chose à ma situation personnelle, professionnelle et financière. Je ne voulais plus me plaindre des autres personnes ou des circonstances et j'ai commencé à prendre ma vie en main dans tous les domaines. En 2015, je me suis intéressé de manière approfondie au concept de « revenu passif ». L'idée de gagner de l'argent même lorsque le reste du monde est dans un sommeil profond m'a immédiatement captivé. Cependant, j'ai très vite remarqué qu'il y avait beaucoup de vendeurs de rêves qui s'emparaient du sujet. Les Instagrammers et les spécialistes du marketing Internet continuent à utiliser leurs promesses utopiques pour gagner de l'argent.

Personne ne peut les en empêcher car il suffit d'un peu de gruyère pour attraper de nombreuses souris.

Déçu de ce constat, j'ai plongé dans une phase de recherche intensive et j'ai décidé d'être mon propre cobaye en matière de revenus passifs. Il devait y avoir un moyen réaliste et sérieux d'utiliser ce concept. La deuxième édition de ce livre, révisée et étendue, vous offre une forme condensée de mes connaissances accumulées et de toutes mes expériences. C'est un véritable guide pas à pas pour les personnes qui rêvent de « gagner de l'argent en dormant » et qui sont autant que moi attirées par ce concept, mais suffisamment réalistes pour ne pas penser que cela serait possible sans travail.

« On peut sentir que l'auteur s'intéresse à ce sujet depuis longtemps et fait tout ce qui est en son pouvoir pour transmettre autant de connaissances pratiques que possible à ses lecteurs. De loin, le meilleur guide sur le sujet en France ! »
André H.

Ce livre est destiné à tous, que vous soyez réalistes ou idéalistes. Il doit vous guider sur le chemin de la liberté financière et son but est de vous permettre d'avoir plus de temps libre. Cependant, votre volonté et motivation personnelles sont indispensables afin de vraiment mettre en pratique les idées de ce livre. Autrement, les stratégies mentionnées qui ont été essayées et testées mille fois, resteront lettre morte. Dans ce livre, je partage avec vous mes expériences. Ce ne sont pas des instructions, mais des stratégies "Think-and-Do-It-Yourself" axées sur la pratique.

Laissez-moi devenir votre compagnon sur ce chemin et vous apprendre comment vous échapper de la roue du hamster. Je me ferai un plaisir de vous aider personnellement. Si vous avez des questions, des doutes ou des commentaires, n'hésitez pas à me contacter à l'adresse contact@finance-preneur.fr.

Rappelez-vous, il n'y a pas de questions stupides, juste des réponses stupides. Vous n'avez rien à perdre, mais tout à gagner !

Le rêve d'être financière-ment libre

« L'argent est comme l'eau de mer.
Plus vous en buvez, plus vous avez soif. »
ARTHUR SCHOPENHAUER

Imaginez que vous vous balancez dans un hamac sous des palmiers sur une plage des Caraïbes. Le son de la mer est meilleur que n'importe quelle musique. La brise marine et le mojito frais vous rafraîchissent agréablement. Puis l'heure du déjeuner approchant, une odeur appétissante de poissons grillés préparés fraîchement pêchés pour vous ce matin se dégage. Finalement, quelqu'un vous apporte votre repas à base de poisson, d'oignons de printemps grillés, de tortillas de maïs, de guacamole frais et de citrons verts.

Pour la plupart des gens, c'est le rêve de la liberté. La liberté et l'indépendance par rapport à l'argent et au temps ne semblent être accordées qu'à une petite élite sélectionnée. Les congés annuels sont le seul moment de l'année où cela pourrait devenir une réalité lointaine pour nous.

Cependant beaucoup ignorent que toute personne qui est financièrement libre et indépendante dispose d'une manière ou d'une autre d'un revenu passif. Qu'ils soient entrepreneurs, investisseurs ou propriétaires, ils ont réussi à se constituer des sources de revenus complémentaires. Des sources de revenus qui produisent de l'argent même lorsqu'ils ne travaillent pas activement.

Commençons par démystifier ce secret et l'utiliser pour nous-mêmes !

Qu'est-ce que la liberté financière ?

*« Il est injuste que les gens qui ont de la paille
dans la tête aient aussi de l'argent. »*
GERHARD UHLENBRUCK

La liberté financière est un concept. Il vise à être capable de prendre des décisions sans que l'argent n'entre en ligne de compte. C'est important parce que dans l'ordre économique actuel, presque toutes les décisions sont liées à l'argent. Cela signifie qu'il est difficile d'atteindre une véritable liberté personnelle sans liberté financière. Mais comment savoir si vous avez atteint la liberté financière ?

Vous pouvez vous décrire comme financièrement libre si vous gagnez suffisamment de revenus passifs (mensuels) pour assurer votre subsistance (mois après mois).

À ce stade, vous pourriez théoriquement quitter votre emploi tout en gagnant assez d'argent pour maintenir votre niveau de vie. Il est également possible que vous ayez à travailler de moins en moins (activement) avec des revenus passifs croissants.

Mais comment devient-on financièrement libre ?

Vous suivez la voie de la liberté financière lorsque vos dépenses courantes sont de plus en plus financées par des actifs que vous avez acquis ou créés vous-même. Cependant, comme le coût de la vie varie beaucoup d'une personne à l'autre, il est impossible de fixer une valeur absolue. Seuls vos frais mensuels sont déterminants. Il s'agit notamment des prêts, des dettes de crédit, du loyer, des frais accessoires, du montant de vos factures de téléphone, de votre abonnement mensuel de transport, de vos dépenses pour les loisirs, la culture, les enfants, les repas, etc. Selon votre situation familiale et votre niveau de vie, ce montant peut être élevé ou faible.

Plus il est bas, plus il est facile et rapide de devenir financièrement libre. Si le montant est relativement élevé, il est important de réduire vos dépenses parallèlement à la constitution de revenus passifs. Cela vous permet de travailler sur deux leviers simultanément et d'accélérer le processus.

Qui est financièrement libre ?

Je suis toujours impressionné par le fait qu'environ un pour cent seulement de la population est financièrement libre. Cela correspond approximativement à la proportion de millionnaires en Allemagne (1,2 million). On pourrait en conclure que l'on est financièrement libre si l'on a atteint une fortune de plus d'un million d'euros. Mais la vérité est tout autre.

Pour évaluer approximativement si vous êtes proche de la liberté financière ou encore relativement loin, la règle dite des 4 pour cent est un bon point d'orientation. Cela signifie que vous êtes financièrement libre si vos dépenses annuelles ne dépassent pas 4 % de votre épargne. Cela signifie que vous devriez épargner au moins 25 fois votre coût de la vie annuel pour ne plus jamais avoir à travailler. Bien que cet objectif semble inatteignable pour la plupart des gens, nous pouvons l'atteindre grâce à un revenu passif - et beaucoup plus rapidement qu'on ne le suppose généralement.

Bonus

Ce livre contient des guides pratiques pour vous. Mon premier outil d'aide est un calculateur de liberté personnelle. Vous pouvez le télécharger dès maintenant en un seul clic. Grâce à cet outil, vous pouvez calculer votre revenu individuel de liberté et observer si et comment vous vous en rapprochez. Le lien d'accès est : *https://bit.ly/2FyBDpx*

Pourquoi les millionnaires sont riches et comment ils le restent ?

*« Mieux vaut penser à son argent un jour par mois
que de travailler un mois entier pour lui. »*
JOHN D. ROCKEFELLER

La plupart des gens ne savent pas pourquoi sur notre planète les riches s'enrichissent et les pauvres s'appauvrissent de plus en plus. Il y a un principe très simple derrière tout cela. Il s'agit de comprendre le fonctionnement de l'argent et de notre système économique !

Le capital est LA valeur de référence dans l'ordre économique en vigueur. Tant qu'il n'y aura pas de changements révolutionnaires, il restera toujours plus précieux que les biens et services en raison de ses caractéristiques supérieures. Le prix (monétaire) des biens et services peut être déterminé par l'offre et la demande. Mais l'argent peut aussi avoir un prix. C'est ce que montrent les cours des actions, le commerce des devises ou des produits dérivés et même de simples prêts bancaires. C'est précisément la raison pour laquelle la liberté financière et l'enrichissement par le biais de revenus passifs sont très liés. C'est exactement cela être riche et ceci mène directement à la question cruciale : Quelles sont les lois financières de base que les riches utilisent ?

Il y a des règles financières de base. Les comprendre, c'est la finalité d'une vie financièrement réussie. Ces règles de base ne sont ni complexes ni difficiles à comprendre. Néanmoins, elles ne sont ni entendues ni utilisées. C'est pourquoi j'aime les appeler les lois financières fondamentales. Tant que vous les suivez, vous menez une vie financièrement disciplinée et vous atteignez tôt ou tard l'indépendance financière.

Loi financière de base n°1

Malheureusement très peu de gens comprennent que même s'ils gag-nent peu, ils peuvent devenir riches. Tous disent que nous ne devrions même pas essayer de comprendre le sujet des finances (personnelles). Par conséquent, un principe fondamental est complètement ignoré. Il dit :

Dépensez moins que ce que vous gagnez ou gagnez plus que ce que vous dépensez.

L'endettement a les mêmes conséquences que la roue du hamster. Il vous éloigne de la liberté financière. Commencez donc par suivre systéma-tiquement la première loi financière mois après mois - aussi simple puis-se-t-elle paraître ! Nous nous occuperons ensuite du développement de vos actifs par le biais de revenus passifs.

Afin d'augmenter vos actifs, vous n'avez qu'une seule formule simple à suivre :

Actif = (revenus - dépenses) x intérêts

Les actifs sont définis sur la base de trois facteurs : revenus, dépenses et intérêts. La différence entre les revenus et les dépenses correspond à vos réserves (épargne). Les trois variables doivent être optimisées pour que vous deveniez financièrement libre à moyen terme à l'aide de revenus pas-sifs. Concrètement, cela signifie :

Étape n°1 : Minimiser vos dépenses !
Étape n°2 : Maximiser vos revenus !
Étape n°3 : Maximiser le rendement - en prenant des risques raisonn ables !

Pour illustrer cet effet, voici un exemple fictif :

Si vous économisez 10 % de votre revenu et dépensez le reste (sans vous endetter), vous devrez travailler neuf ans pour vivre de votre épargne pendant un an. Par la suite, il faudrait travailler neuf ans pour prendre une autre année de congés. Dans cet exemple, nous supposons que vous ne profitez pas des intérêts de votre épargne. Sur la même base de calcul - en supposant les mêmes coûts - vous auriez à travailler avec un taux d'épargne de 90 % pendant un an seulement afin de pouvoir vivre de votre épargne pendant neuf ans. Pas mal, n'est-ce pas ?

Je doute toutefois que vous sachiez actuellement à combien s'élèvent vos dépenses annuelles et combien vous devriez gagner et épargner en conséquence pour une année sabbatique. Mais comment vous voulez y parvenir sans vous fixer d'objectifs ?

Tout d'abord, obtenez un aperçu de vos dépenses mensuelles et annuelles. C'est la première chose à faire avant de commencer à optimiser votre situation financière avec les étapes #1 à #3, à planifier votre année sabbatique de façon réaliste et de la réaliser stratégiquement.

Loi financière de base n°2

La deuxième règle de base - à savoir, connaître la différence fondamentale qu'il y a entre l'actif et le passif et entre la répartition ou l'investissement du revenu disponible, est malheureusement inconnue de la plupart des étudiants en économie. Il y a une question très simple que vous devriez vous poser : « quels achats faites-vous le jour où vous recevez votre paie ? » La différence entre les riches et les pauvres réside principalement dans la répartition des investissements en actifs et passifs ! Voici comment faire la distinction entre le passif et l'actif :

Les passifs coûtent de l'argent. Les actifs apportent de l'argent.

Les passifs sont des dépenses (courantes). Les actifs sont des recettes (courantes) provenant de revenus pour lesquels, en règle générale, aucun travail supplémentaire n'est requis. L'approche la plus importante pour devenir financièrement libre est donc :

Minimisez vos dettes et maximisez vos actifs.

Encore une fois, cela vous paraît probablement simple et pourtant, seuls quelques-uns suivent cette règle au pied de la lettre. C'est la raison pour laquelle je nomme ces deux principes : lois financières de base. Si vous n'obéissez pas à la loi, vous êtes généralement punis. Mais ceux qui tiennent compte de ces lois financières sont (ou deviennent) financièrement libres ! C'est plutôt logique. La plupart du temps, cependant, il y a confusion quant au contenu qualitatif des termes. La majorité des gens pensent à tort qu'ils sont riches. En y regardant de plus près, il apparaît toutefois que les actifs présumés sont constitués d'un ou plusieurs passifs cachés. Par exemple, beaucoup de gens pensent que posséder une voiture, c'est posséder un actif. En réalité, des coûts (passifs) tels que les taxes, les réparations, les assurances, l'essence, etc. sont cachées derrière cela.

Voici d'autres exemples de passifs :
- La maison avec ses frais accessoires et d'entretien.
- Le loyer.
- Les abonnements (à des journaux, des magazines, aux chaînes satellites, à Netflix, à des contrats de téléphonie mobile, à Spotify, etc.).
- Les prêts (en particulier ceux à la consommation !).
- Les frais mensuels de base de toutes sortes.
- Le compte courant avec ses frais de gestion.
- Les impôts ou paiements d'impôts supplémentaires, etc.

Les vrais actifs, par contre, apportent soit continuellement de l'argent, soit détiennent leur valeur qui est mesurée par le pouvoir d'achat. Il s'agit notamment de :

- Revenus passifs provenant de licences ou de redevances.
- Revenus passifs provenant de gains de capitaux propres ou de dividendes.
- Revenus passifs provenant des intérêts sur l'épargne, l'argent au jour le jour, les obligations, les prêts entre particuliers, etc.
- Revenus passifs provenant des revenus locatifs.
- Revenu passif d'un business sur Internet.
- Revenus passifs des ventes immobilières (gains spéculatifs).

La vérité amère dans tout cela ? Tant que vous ne connaîtrez pas la différence entre actif et passif, vous ne pourrez jamais atteindre la liberté financière ! Je sais que ce processus cognitif peut être douloureux. C'est pour cela que vous devriez intérioriser l'énoncé suivant. Je vous garantis qu'il vous motivera à prendre le contrôle de votre situation financière et à l'améliorer :

Dépenser l'argent durement gagné - en échange d'une vie luxueuse - est la stratégie sûre pour une « servitude » financière à vie.

Les gens libres financièrement font exactement le contraire. Ils investissent <u>au début du mois</u> une partie (souvent la majorité) de leur salaire ou revenu durement gagné dans des actifs (revenu passif). Ils investissent leur argent dans des choses qui génèrent de plus en plus d'argent au fil du temps, indépendamment de leurs propres efforts. Ils profitent ainsi des avantages du système. Commencez à suivre progressivement l'exemple des personnes financièrement libres :

Dépensez moins d'argent dans des passifs. Il s'agit généralement de biens de consommation qui ne sont pas indispensables. En retour, investissez plus d'argent dans des actifs, c'est-à-dire des choses qui vous versent régulièrement de l'argent supplémentaire.

Votre liberté financière dépend du montant que vous décidez d'« *investir* » le jour où vous recevez votre paie. Chaque début de mois, la question suivante se pose : *dois-je consommer (des biens futiles) ou dois-je investir dans un avenir m'offrant liberté financière et temps libre ?*

L'argent et la vie

« Penser en termes monétaires est inapproprié,
quand la devise est la vie. »
Else Pannek

Au fil des ans, ma vision de l'argent a évolué. Bien que ce ne soit pas difficile à comprendre, presque personne n'en est conscient. Pour moi, l'argent a deux significations principales :

• C'est un catalyseur, un « médiateur », un « facilitateur »
• C'est un outil de mesure du « temps ».

L'argent peut donc aussi servir d'unité de compte pendant toute la vie. La célèbre citation de Benjamin Franklin (1748) disait : « Le temps c'est de l'argent ». Il n'y a pas si longtemps, l'ancien président uruguayen José Mujica (en fonction jusqu'au 1er mars 2015) a ajouté une signification philosophique à ces mots. Il a déclaré :

« Pour vivre, tu as besoin de liberté. Et pour avoir sa liberté, il faut avoir du temps. Si je dois m'occuper d'une grande maison, ceci et cela, il ne me reste plus de temps. Je préfère avoir le plus de temps possible pour faire ce que j'aime. Et ça, c'est la liberté. Si je vis simplement, c'est pour avoir du temps. »

Ces deux aspects montrent que l'argent n'est qu'un moyen de parvenir à une fin. Avec de l'argent, on peut (presque) tout acquérir. Mais en échange de l'argent, nous devons investir du temps. Nous devons travailler pour l'argent que nous voulons échanger contre des produits ou des services. À ce niveau plus profond, nous n'échangeons pas de l'argent contre un achat, nous échangeons notre temps (notre vie). Quand j'ai vraiment compris cela pour la première fois, alors j'ai vu le monde complètement différemment !

Nous n'échangeons plus notre temps quand nous gagnons de l'argent passivement, donc nous le gagnons même quand nous ne travaillons pas activement. Dès que vous commencez à considérer l'argent comme un équivalent temps, non seulement votre attitude, mais souvent vos habitudes de consommation vont changer de façon spectaculaire (presque) par elles-mêmes.

Revenu actif vs revenu passif

« Les meilleures choses de la vie ne sont pas celles
que l'on obtient contre de l'argent. »
ALBERT EINSTEIN

Avec la comparaison faite entre l'argent et le temps, nous nous rapprochons de la thématique centrale de ce livre. Mais avant de vous montrer des moyens pratiques de construire des revenus passifs, nous devons les définir avec précision et les différencier des revenus actifs. S'il vous plaît, ne faites pas une impasse sur cette partie, mais tentez d'être patient. Une fois que vous aurez compris le fonctionnement de base et les avantages d'un revenu passif, vous aurez franchi une étape cruciale vers la liberté financière.

J'aimerais commencer ce chapitre par une comparaison intéressante. Elle devrait vous inspirer et vous motiver pour l'avenir.

	Louer son temps = 95 % de la population	Posséder son temps = 5 % de la population
Revenu actif	Travailleurs indépendants et employés	Entrepreneur
Revenu passif		Entrepreneurs & investisseurs

Revenu actif

Plus de 95 % de la population travaillent pour obtenir un revenu actif. Qu'il s'agisse d'un salaire pour un employé ou d'un revenu pour un travailleur indépendant, tous les types de revenus actifs ont un dénominateur commun.

Le revenu actif est ni plus ni moins que l'échange de temps (de travail) contre une rémunération.

Que vous soyez travailleur salarié ou indépendant, vous échangez votre vie entière - sous forme de travail actif - contre de l'argent. Vous n'êtes payé que si vous travaillez. C'est particulièrement vrai pour les travailleurs indépendants. Les employés ont l'avantage par rapport aux travailleurs indépendants de pouvoir également recevoir un salaire pendant les vacances et lorsqu'ils sont en maladie. Toutefois, tant les salariés que les travailleurs indépendants ont un potentiel de revenu limité. Ce sont ces restrictions qui rendent les revenus passifs si attrayants. Les limites du revenu actif sont :

1. Plus ou mieux travailler ne signifie pas nécessairement plus d'argent

Le revenu actif limite votre potentiel de revenu. Bien sûr, vous avez la possibilité d'améliorer votre emploi et donc d'améliorer votre salaire ou votre taux horaire. Les heures supplémentaires (non rémunérées) ou la participation à des formations internes ou externes sont particulièrement bien vues par la hiérarchie. Même si vous améliorez votre position au sein de l'entreprise, si vous occupez un nouvel emploi beaucoup mieux rémunéré ou gagnez un nouveau client, les augmentations de salaire restent lentes et progressives. De plus, certains métiers ont des limites de salaire et leur taux horaire est réglementé par le marché du travail.

2. Plus vous travaillez, moins vous avez de temps pour le reste

Plus de travail signifie aussi que vous avez moins de temps pour votre croissance personnelle ou professionnelle.

Cela limite les nombreuses possibilités qui s'offrent à vous aussi bien personnellement que professionnellement. L'évolution / la croissance est l'une des composantes essentielles d'une vie satisfaite et épanouie. Tant que nous grandissons, nous allons de l'avant. Si nous ne bougeons pas, nous nous replions.

3. Vous ne pouvez pas travailler plus de 24h par jour et plus de 7j / 7

La journée n'a pas plus de 24 heures et la semaine pas plus de 7 jours. De plus, notre corps a besoin de phases de repos et de relaxation pour ne pas se fatiguer. Ce fait biologique limite votre potentiel d'enrichissement. Vous ne pouvez travailler qu'une certaine quantité de temps supplémentaire, prendre plus d'emplois à temps partiel ou réduire de quelques heures votre temps de sommeil. Cela signifie qu'avec plus de travail vous pouvez gagner relativement rapidement plus d'argent. Mais cela veut aussi dire que vous serez toujours confronté à une limite biologique et temporelle. Même en tant qu'indépendant, vous ne pouvez travailler que 16 heures par jour au maximum - et tôt ou tard, votre corps vous montrera ses limites.

4. Vous travaillez pour quelqu'un d'autre

Si vous êtes salarié, vous ne bénéficierez que partiellement des fruits de votre travail. Après tout, votre employeur veut faire des profits et financer votre poste avec une partie de ceux-ci. En tant que travailleur indépendant, cette relation semble un peu meilleure. Ici, c'est vous qui déterminez la valeur de votre travail. Cependant, vous êtes dépendant de vos clients et travaillez dans ce cas aussi pour quelqu'un d'autre. Dans les deux cas, une partie de votre effort est gaspillée.

Attention ! Cela ne signifie pas que vous devez renoncer à votre emploi ou à votre indépendance. Ces limites ne sont là que pour vous montrer que vos revenus issus d'un travail actif sont limités et qu'il est temps de chercher des moyens complémentaires d'augmenter vos revenus. C'est là qu'intervient le revenu passif.

Revenu passif

« La formation du capital doit être guidée par l'intérêt personnel. Vous ne pouvez pas attirer la richesse avec de la bonne volonté. »

WALTER BAGEHOT

Le revenu passif diffère fondamentalement du revenu actif. Les limites du revenu actif sont surmontées grâce à sa contrepartie passive.

Le revenu passif signifie simplement que vous laissez l'argent ou les ressources travailler pour vous au lieu de travailler avec vos ressources pour les autres. Par conséquent, le revenu passif vous permet de gagner de l'argent sans avoir à travailler pour l'obtenir. Cependant, il faut du temps et des efforts, surtout au début, pour se créer des revenus passifs. Dès qu'ils commencent à porter leurs fruits, vous devrez travailler de moins en moins et pourrez gagner de plus en plus. À moyen et long terme, cet investissement est toujours rentable.

Mais qu'est-ce qui constitue un revenu passif ? Quelle est la raison de sa supériorité ? Ce sont avant tout ses propriétés d'automatisation et d'évolutivité qui le rendent particulièrement intéressant.

Automatisation

Le revenu passif est un revenu qui donne un rendement bien supérieur par rapport au travail réel fourni. Cela signifie que, contrairement aux revenus actifs, vous ne serez pas directement rémunéré pour votre travail (voire peut-être jamais !). Au contraire, votre investissement en temps crée de la valeur que les autres consomment ou utilisent. Le paiement par le biais de revenus passifs est donc retardé. Vous devez absolument en tenir compte dans votre projet !

En retour, le temps ou l'investissement financier dans un revenu passif offre la possibilité de gagner de l'argent pour la vie (automatiquement) grâce à une performance professionnelle ponctuelle.

Effet de levier

La création d'un revenu passif ne consiste pas seulement à gagner de l'argent pendant que vous dormez. Votre objectif est plutôt d'augmenter graduellement votre salaire horaire. À la fin de la journée, ce n'est pas uniquement et seulement votre salaire mensuel net qui compte dans la « course à la liberté financière ». Il est beaucoup plus important de savoir à quel point votre salaire par heure de travail ou de vie est élevé et si vous avez la possibilité de l'augmenter davantage (avec ou sans travail supplémentaire) !

Le revenu passif dépend de l'effet de levier de la productivité. Avec l'aide de stratégies présentées plus tard, vous pourrez vendre indéfiniment du temps de travail que vous n'aurez investi qu'une seule fois, ou recevoir des paiements indéfiniment pour un capital investi une seule fois. Plus vous investissez de temps et/ou de capital dans un revenu passif, plus l'effet de levier est important. C'est précisément cette fonction exponentielle que nous utilisons lorsque nous recevons un revenu passif.

Exemple :

Imaginez un groupe de musique qui a décroché le hit-parade il y a 20 ans. Depuis, il reçoit des royalties à chaque fois que sa chanson est jouée à la radio - et pour la vie. Ou imaginez une grand-mère qui a acheté des actions VW il y a 50 ans. Son argent se serait démultiplié jusqu'à aujourd'hui par l'intermédiaire du versement de dividendes et des gains de change. La beauté du revenu passif, c'est que son effet de levier est infini.

À quoi devriez-vous porter une attention particulière ?

L'effet de levier se fait par la multiplication ou par l'agrandissement exponentiel.

Je sais que cela peut paraître étrange, mais c'est extrêmement important pour votre vie financière et professionnelle. Sans effet de levier, le développement des revenus passifs ne fonctionne que d'une manière limitée. Il s'agit d'« économiser » ou de « multiplier » le temps investi une seule fois. Une fois qu'une activité est terminée ou qu'un projet est terminé, le temps que vous y consacrez est absorbé et votre main-d'œuvre n'est plus visible. Cependant, si vous aviez conservé ce temps investi, par exemple sous la forme d'une vidéo, d'un enregistrement audio ou d'un résumé écrit, vous pourriez maintenant revendre (indéfiniment) cette expertise. Il en va de même pour le capital investi. Une fois investi, il peut se multiplier à l'infini.

À mon avis, dans un monde numérisé, la conservation du temps de travail reçoit encore trop peu d'attention. Les connaissances et l'expérience sont perdues parce que nous n'avons pas encore traité mentalement cette transition de l'analogique au numérique. Cela garantit des activités redondantes, simplement parce qu'il n'y a pas de documentation (numérique). Dans ce domaine en particulier, partout dans le monde, nous pourrions gagner énormément de temps et réduire des étapes de travail inutiles. Cela permettrait d'accroître la productivité et d'assurer une croissance économique plus saine.

Ce que le revenu passif n'est pas

Ne soyez pas euphorique trop rapidement ! L'une des plus grandes fausses idées concernant le revenu passif est que c'est de l'argent pour lequel vous n'avez pas (ou plus) à travailler. Surtout au début, selon le type de revenu passif que vous choisissez, vous devrez travailler plus ou moins durement pour l'obtenir. Rappelez-vous toujours que le revenu passif se caractérise principalement par l'automatisation et l'effet de levier.

Lorsque vous investissez du capital, vous utilisez l'effet de levier le plus efficient. Mais pour cela, vous devez également disposer d'un capital disponible. Si vous n'avez pas d'argent à investir alors vous devrez, surtout au début, investir du temps et du travail. La plupart des sources de revenus passives nécessitent également un suivi et une vérification réguliers. Souvent, les revenus passifs s'assèchent dès que vous cessez d'investir de l'énergie, c'est-à-dire du temps et du travail.

Construire des sources de revenus passives peut être beaucoup plus difficile que de travailler pour un revenu actif. Mais cela ne doit en aucun cas vous dissuader.

Avec un revenu passif, vous ou votre argent travaillez exclusivement pour vous-même. Les fruits de vos efforts iront à 100 % dans vos poches et vous n'aurez pas à partager votre performance avec d'autres personnes, par exemple les actionnaires qui se réservent une partie des bénéfices de l'entreprise. Commencez donc à vous considérer comme un entrepreneur. Vous êtes un entrepreneur et vous faites pousser un petit arbre qui au lieu de donner des fruits, donne de l'argent. Comme toute plante, votre arbre à argent a besoin, dès le début, de toute votre attention, de votre temps et de votre dévouement. Avec le temps, cependant, il développe un système racinaire solide, un tronc stable avec de nombreuses branches et un nombre infini de feuilles. Plus vous entretenez longtemps votre arbre à argent, plus il produira de billets de banque et plus il sera stable par la suite. Il pourra alors peut-être se passer de votre aide.

J'ai créé un graphique pour illustrer la différence entre les revenus actifs et passifs.

L'axe des ordonnés (y) (à gauche) montre des chiffres fictifs de votre (futur) revenu (en milliers d'euros). Sur l'axe des abscisses (x), vous trouverez le temps (en années).

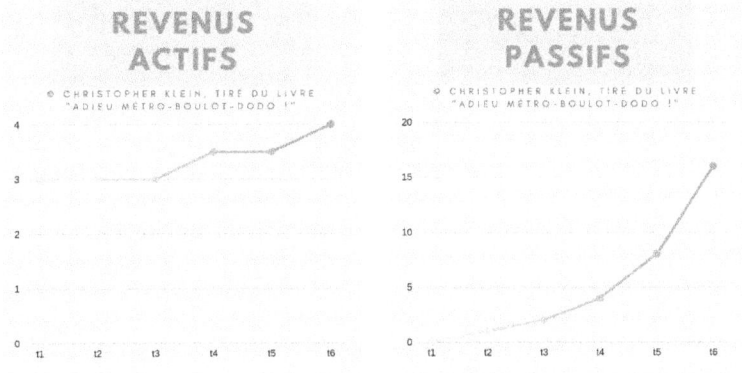

À première vue, il semble possible d'influencer positivement l'augmentation des revenus actifs, en tant que salarié ou indépendant, même si elle reste lente et progressive. Le graphique des revenus passifs montre que vos récompenses monétaires sont limitées, surtout pendant la phase d'accumulation. Vous commencez à zéro. Cependant, au fil du temps, la courbe devient exponentielle et votre revenu mensuel va vers l'infini, selon vos objectifs et vos efforts.

Tous les chemins mènent à Rome

« Celui qui veut s'enrichir en un jour,
sera pendu en un an. »
LEONARDO DA VINCI

Quand j'ai commencé à m'intéresser aux revenus passifs, j'avais du mal à avoir un aperçu pratique des différentes possibilités et de leur classification temporelle. Finalement, il existe des moyens rapides et fastidieux de se constituer des revenus passifs. Certains sont risqués, tandis que d'autres peuvent être générés gratuitement.

Dans ce chapitre, je vous présenterai 4 variables importantes. Elles peuvent être trouvées dans une matrice du sous-chapitre de conclusion. Elles constituent la base de votre engagement à gagner des revenus passifs et doivent vous servir d'aide à la décision.

Engagement à court terme vs engagement à long terme

La première distinction parmi les nombreux types de revenus passifs peut être faite sur la base de l'appétit pour le risque et de la durée. Selon votre amour ou votre aversion pour le risque, vous devrez viser différentes sources de revenus.

Comme nous l'avons décrit dans le chapitre précédent, chaque revenu passif a besoin de temps pour développer pleinement ses effets. Néanmoins, il existe des approches qui promettent des revenus plus rapides et plus importants, mais qui comportent aussi le risque de ne pas atteindre le résultat souhaité. D'autre part, ce sont surtout les investissements de capitaux à long terme qui promettent un grand succès financier, mais qui souvent ne s'accélèrent qu'après quelques années.

Surtout, le revenu « actif passif » gagné en ligne peut devenir une source de revenus extrêmement lucrative en très peu de temps. Que ce soit en tant que « sidepreneur », en plus de votre emploi actuel ou de vos études, ou bien comme travail à plein temps. Si vous voulez accumuler un revenu passif en ligne, avec un travail actif, alors vous vous trouvez sur la voie express vers la liberté financière. Cependant, sur une voie express, il faut être extrêmement attentif. Dès que vous perdez votre concentration, vous perdez votre chemin et la concurrence prend votre place.

C'est pourquoi vous devriez vous demander au début combien de temps vous êtes prêt et capable d'investir dans votre projet. Ici, c'est très clair : plus, c'est mieux !

En ligne vs hors ligne

Vous avez probablement déjà entendu parler de revenus passifs issus de petites entreprises en ligne. Que ce soit en tant qu'« affiliate marketer » ou en vendant un produit numérique. La littérature récente porte de plus en plus sur la manière de générer des revenus passifs via un business en ligne. Ceci est principalement dû au fait que l'entrepreneuriat en ligne a plusieurs avantages. Il optimise les trois facteurs que le Prof. Günter Faltin décrit comme fondamentaux pour le succès d'une entreprise. Une entreprise en ligne est :

- Peu risquée,
- Évolutive et automatisable,
- Peu onéreuse.

À cet égard, elle offre un point d'entrée parfait pour faire ses preuves en tant qu'entrepreneur et ainsi se constituer des revenus passifs croissants. Avec une entreprise en ligne, vous pouvez faire évoluer votre temps de travail et/ou votre salaire. La publicité en ligne est (encore) relativement bon marché. De plus, vous pouvez gagner de l'argent avec votre petite entreprise en ligne, même lorsque le reste du monde dort. En tant qu'entrepreneur en ligne, vous êtes assuré financièrement même si vous êtes licencié ou si vous voulez prendre un congé sans solde de longue durée.

La matrice de toutes les possibilités

Nous avons déjà atteint un point décisif dans ce livre. Je pense que les principes les plus importants sont devenus clairs pour vous. Le graphique suivant vous montre exactement quelle source de revenu passive est la plus appropriée pour vous et pour vos préférences individuelles.

Votre matrice d'aide à la décision	Revenu passif : en ligne	Revenu passif : hors-ligne (investissements)
Propriétés	• Demande un investisse-ment important en temps et en travail • Peu de capital requis • Des perspectives rapides de succès financier	• Habituellement peu gour-mand en temps et travail • (Beaucoup) de capital nécessaire • Stratégie à long terme

Comme vous le verrez à la fin du livre, vous pouvez bien sûr constituer deux sources de revenus en parallèle. Pour moi, c'est ça la véritable straté-gie du succès.

Bonus :

Afin d'obtenir une description détaillée des nombreuses stratégies pour générer un revenu passif veuillez vous réfé-rer au PDF bonus **« Les 41 manières de générer des reve-nus passifs »** téléchargeable en cliquant sur le lien suivant : *https://financepreneur.fr/devenir-libre-financierement*

Ressources pour le développement des revenus passifs

« C'est vrai que l'argent ne rend pas heureux.
En réalité, c'est de l'argent des autres dont il est question. »
GEORGE BERNARD SHAW

Nous sommes désormais sur le point de prendre notre envol. Mais nous devons d'abord évoquer les ressources nécessaires à cela. Je compare la construction de revenus passifs au fait de semer la graine d'un futur arbre à argent. Cette graine doit être arrosée patiemment pour qu'elle sorte un jour de terre. Surtout au début, nous devons prendre soin de notre petit arbre. Il n'a pas encore développé de racines et est encore très instable. Cela changera plus tard. Plus notre arbre à argent deviendra fort et stable, plus il pourra grandir de façon autonome et prospérer sans notre aide. Regardons donc ensemble les ressources matérielles et immatérielles dont vous avez absolument besoin pour vous construire un revenu passif.

Prenez des notes en lisant ce chapitre. Pensez à la façon dont vous allez pouvoir acquérir plus de chaque ressource. Plus vous investirez de temps et d'argent dans la constitution de votre revenu passif, plus la dynamique sera forte et plus les revenus passifs seront importants.

Le temps

« La plupart des gens surestiment
ce qu'ils peuvent accomplir en un an et sous-estiment
ce qu'ils peuvent accomplir en 10 ans. »

ANONYME

Le temps est la ressource la plus précieuse dont nous disposons. Malheureusement, nous n'y pensons pas assez souvent. C'est surtout lorsque nous sommes confrontés à des événements tragiques ou au moment de fêter la Saint-Sylvestre que nous en prenons conscience.

Le lien entre le temps et le revenu passif est extrêmement intéressant. Nous avons surtout besoin de temps pour accumuler des revenus passifs. Temps qui ne nous sera généralement remboursé qu'à postériori. Cela correspond à la Loi fondamentale de réciprocité, qui dit : « vous obtenez ce que vous donnez. » Une fois que vous avez construit un flux mensuel de revenu passif qui couvre vos charges, vous gagnez la souveraineté absolue en termes de temps. Un objectif qu'il est presque impossible d'atteindre via un revenu actif. La seule façon d'y parvenir serait d'épargner suffisamment d'argent sur un compte afin de pouvoir financer le reste de votre vie. Toutefois, il est difficile d'y arriver compte tenu de la hausse constante du taux d'inflation.

Devenir souverain du temps en reprenant le contrôle grâce aux revenus mensuels passifs est, à mon avis, le but noble que doit se fixer celui qui veut atteindre la liberté financière - et non celui d'amasser le plus d'argent possible.

Selon la loi de réciprocité, afin d'avoir plus de temps libre à l'avenir, il faut investir du temps maintenant. Il convient de noter que le temps investi peut varier considérablement selon le type de revenu passif. Générer des revenus passifs par le biais d'une entreprise en ligne est le projet qui prend le plus de temps. Toutefois, c'est celui qui promet le succès financier le plus grand et le plus rapide.

Sinon, vous pouvez choisir les investissements de capitaux simples qui nécessitent généralement peu de temps. En retour, cependant, ils ne promettent des profits financiers rentables qu'à moyen terme. Mais dès que l'effet des intérêts composés s'installe, votre capital se développe de façon exponentielle.

Alors, que choisissez-vous ?

La question qui se pose est la suivante : êtes-vous prêt à investir votre temps libre dans la construction d'un revenu passif ? Cela vous oblige à investir du temps et de la main-d'œuvre dans votre projet avant ou après votre travail quotidien (école, université, travail). Vous devez accepter de consacrer une partie de votre temps libre à votre projet de revenu passif ! Plus vous consacrez de temps, d'énergie et d'efforts, plus la récompense financière est importante.

D'ailleurs, ce qui unit les gens riches et prospères d'aujourd'hui c'est bien le fait qu'ils ont investi du temps dans un projet. Ils n'ont pas réussi en attendant que l'argent tombe du ciel, mais en investissant un temps (libre) supérieur à la moyenne dans leur entreprise. Ils étaient prêts à échanger leur temps libre aujourd'hui contre leur liberté financière demain. Ce n'est que bien des années plus tard que certains ont pu s'attribuer un peu de répit.

Alors, n'attendez plus ! Foncez !

Par conséquent, prévoyez d'investir du temps dans la constitution de revenus passifs matin et/ou soir, avant et/ou après le travail. Vous pouvez commencer de façon ambitieuse et réaliste en consacrant seulement une heure par jour à votre projet. Au bout d'une semaine, cela représente une journée de travail complète. À la fin d'une année, cela donne 52 jours de travail. Ce qui représente deux mois de travail à plein temps ! En l'espace de deux mois, il est possible d'atteindre beaucoup de choses. Le facteur le plus important est ici la continuité. C'est pourquoi vous devriez intégrer votre projet « revenus passifs » dans votre routine quotidienne. Le travail quotidien continu est la meilleure (et parfois la seule) garantie de succès.

Ceux qui sont prêts à apporter des changements dans leur vie auront aussi du succès. Je suis toujours étonné que beaucoup de gens s'attendent à ce que les mêmes actions produisent soudainement des résultats différents ! Ce n'est pas seulement complètement irréaliste, mais aussi très démotivant. Après tout, nous n'atteindrons jamais nos objectifs de cette façon. Commencez donc par de petites étapes, mais continues, et soyez conscient que Rome ne s'est pas faite en un jour. Plus vous acquerrez d'expérience pratique, plus votre capital augmentera facilement et automatiquement.

Une petite analogie

Votre voisin vous regarde planter une graine dans le sol et la recouvrir de terre et de cendres. Pendant quatre longues années, jour après jour, vous quittez la maison avec un arrosoir et arrosez le point noir de la terre. Déjà après quelques mois, il est clair que votre voisin pense que vous devez être dérangé mentalement. Mais après quatre longues années d'arrosage infatigable, cela se produit soudainement. Une petite plante délicate se fraie un chemin à travers la surface. Pendant les trois prochains mois, votre voisin a du mal à en croire ses yeux. Pendant cette période, la petite plante discrète pousse sur plus de 20 mètres pour devenir un imposant bambou (votre arbre à argent) !

La confiance et la conviction dans la réussite de votre projet ont été les raisons pour lesquelles, au final, votre but a été atteint avec succès. Le développement des revenus passifs suit un cours similaire.

Le capital de départ

« Rappelez-vous toujours, l'argent n'est pas tout.
Mais n'oubliez pas non plus de gagner beaucoup d'argent
avant de commencer à penser de telles bêtises. »
ANONYME

Les flux de revenus passifs qui prennent le moins de temps, par exemple : les revenus locatifs, les intérêts ou les dividendes, sont ceux qui exigent d'avoir un bon capital de départ. Et bien sûr, la plupart d'entre nous n'avons pas assez de patrimoine. C'est pourquoi ce livre vous explique comment augmenter vos revenus passifs ! Trop peu de gens savent que le capital (l'argent) est au cœur de notre système économique. Celui qui possède du capital peut générer encore plus de capital. Un processus qui contredit les lois de la nature et qui explique pourquoi les actifs sont distribués de façon extrêmement inégale dans le monde entier. Moi aussi, j'ai longtemps pensé ne pas avoir (encore) les ressources financières nécessaires pour être en mesure de faire des investissements majeurs. Quelle erreur ! Aujourd'hui, je sais qu'il vous suffit de commencer depuis là où vous en êtes (financièrement parlant). Il y a deux alternatives. Dans l'idéal, vous pouvez même combiner les deux variantes !

Point 1 : Commencez à investir de petits montants chaque mois et réin vestissez les bénéfices.

Point 2 : Créez un revenu supplémentaire (actif ou passif) pour pou voir investir plus de capital.

Tout le monde a commencé petit. Commencez à épargner et à investir de petites sommes d'argent mois après mois. Cet investissement devrait être inclus dans votre budget et devrait être fait au début du mois. Alors vous passez le reste du mois avec l'argent qu'il vous reste sans en dépenser plus.

En attendant, vous générez des revenus supplémentaires grâce à un travail additionnel vous apportant des revenus actifs ou passifs. Il est préférable de décider à l'avance quelle partie de celui-ci vous allez investir dans la construction et l'expansion de vos flux de revenus passifs. Dans le chapitre 8, vous apprendrez comment et dans quoi vous pouvez investir de manière rentable.

Le réinvestissement des revenus et des profits est devenu mon principe de base. Aujourd'hui, je sais que le réinvestissement constant, génère des sommes énormes au fil du temps, notamment grâce à l'accumulation et, surtout, via l'effet des intérêts composés. Quelle partie de votre revenu mensuel pouvez-vous et voulez-vous abandonner afin de vous bâtir un style de vie beaucoup plus détendu à l'avenir ? Il s'agit avant tout d'une question de continuité et non de montant nominal. Peu importe que vous investissiez 10, 50, 100 ou 1 000 euros par mois, tant que vous le faites constamment, mois après mois.

Les flux de trésorerie

Le terme flux de trésorerie ne vous est sûrement pas inconnu. Néanmoins, presque personne ne sait ce qui se cache derrière ce principe simple. Votre flux de trésorerie au cours d'une certaine période est défini par la différence entre vos revenus et vos dépenses. Il peut être positif ou négatif et avoir une tendance positive ou négative. De plus, vos dépenses peuvent être relativement élevées ou faibles et votre revenu peut être constitué d'un revenu actif, d'un revenu passif ou d'une combinaison des deux.

Pour atteindre votre objectif de liberté financière, vous devez maximiser vos flux de trésorerie mensuels. Cela signifie maximiser les revenus et minimiser les dépenses.

Comment faire cela le plus rapidement, le plus facilement et le plus efficacement possible ?

Minimiser les dépenses

Plus vos coûts d'exploitation et vos dépenses sont importants, moins le revenu mensuel passif est suffisant pour devenir financièrement libre.

Maximiser les revenus

Pour pouvoir vous dégager du temps libre et augmenter votre capital, vous devez maximiser votre revenu passif. Plus vous accumulez des sources de revenus passives, plus le flux est stable. Alors ce n'est plus tragique si l'une de vos sources transporte un peu moins d'eau d'un mois sur l'autre. Bien sûr, vous pouvez aussi passer une partie de votre temps à augmenter vos gains actifs. Toutefois, cela devrait être fait dans le but de réinvestir une partie de ces recettes supplémentaires dans le développement et l'expansion de vos revenus passifs.

Générer un cercle vertueux de flux de trésorerie

La combinaison de deux astuces peut conduire à une augmentation constante des flux de trésorerie mensuels. Cela signifie que la différence entre les recettes et les dépenses mensuelles ne cesse d'augmenter. Plus vos flux de trésorerie mensuels sont élevés, plus vous disposez de capital à réinvestir dans l'expansion de sources de revenus passifs supplémentaires. Au fil du temps, vous accumulerez de plus en plus de sources passives, ce qui conduira à un flux de capitaux de plus en plus important.

De cette façon, vous accumulez un flux de capitaux qui, au fil du temps, augmente (presque) automatiquement et constamment. Un petit ruisseau inoffensif devient ainsi, grâce à un réinvestissement continu, une rivière torrentielle. Tant que vous travaillerez selon ce principe, vous vous approcherez de votre objectif à vitesse grand V.

L'effet de levier grâce à l'automatisation

« Six heures ne suffisent pas pour travailler.
Les autres heures disent à l'homme : vit ! »

LUKIAN

Comme déjà évoqué, l'objectif principal dans la construction de flux de revenus passifs est de créer un effet de levier à partir d'un temps de travail unique. Cependant, cet effet de levier ne fonctionne que si vous automatisez les processus. Tant que vous devez passer du temps de travail actif pour garantir votre revenu, il ne s'agit pas vraiment d'un revenu passif. C'est pourquoi l'automatisation de votre projet est si importante. Plus vous automatisez de manière efficace et efficiente, moins vous avez à y consacrer de temps et plus vous pouvez vous pencher sur le développement de nouvelles sources de revenus passifs.

C'est exactement là où Internet vous aide. Il ne se passe pas un jour sans qu'une nouvelle start-up du secteur du numérique propose une idée nouvelle et innovante pouvant faciliter la vie.

L'automatisation dans le domaine numérique peut également être qualifiée d'externalisation. Par le passé, j'ai trop eu tendance à qualifier le processus d'« externalisation » de négatif. Aujourd'hui, il est clair pour moi que l'externalisation numérique offre la possibilité au grand public de jouer à armes égales avec les riches et les puissants. La numérisation nous donne l'opportunité d'entrer en contact avec des spécialistes du monde entier et de faire appel à leurs services.

Le graphique suivant vous montre quelques processus d'externalisation exemplaires. Il montre que l'automatisation par l'externalisation, en ligne et hors ligne, qu'elle soit humaine ou artificielle (logiciel), est la caractéristique essentielle de l'extensibilité des revenus passifs.

Matrice d'externalisation

Matrice d'externalisation	En ligne	Hors ligne
Logiciel	• Site Web • Facturation automatique et numérique • Vente par le biais d'une plateforme • Applications • Canaux de réseaux sociaux • Virement automatique en ligne	• Correction automatique des erreurs d'un logiciel de traitement de texte • Applications • Automates • Programmes de cashback • Logiciel de caisse
Main-d'œuvre humaine	• Plateformes d'externalisation telles que upwork, fiverr ou my-hammer • Location de chambres / d'appartement par ex. sur AirBnB • Location d'outillages	• Conseiller fiscal • Concierge • Main-d'œuvre dans les entreprises manufacturières / de services

Est-ce que maintenant vous vous rendez compte de l'importance de l'automatisation ou de l'externalisation pour construire un revenu passif en constante augmentation ? Si vous externalisez une activité, vous dégagez du temps libre pour vous-même, que vous pouvez investir dans vos capacités et/ou le développement de vos revenus passifs. C'est pourquoi, dans le chapitre suivant, je vous présenterai quelques outils et plateformes qui peuvent vous aider dans ce processus.

Les outils et plateformes d'externalisation

Plus vous travaillez longtemps et intensément dans la construction de revenus passifs, plus vous apprendrez à connaître des outils et des plateformes qui vous aideront dans le processus d'automatisation et d'effet de levier de votre projet. J'en évoquerai quelques-uns dans les prochains chapitres. Quand j'ai entendu parler pour la première fois des choses qui existent en la matière, j'ai été fasciné par ce qui est maintenant possible. Je me demande si ce sera pareil pour vous. En voyage vers le futur !

Outil n°1 : Facturer avec Fastbill

Fastbill est un programme en ligne très bien conçu permettant une gestion numérique des factures. Il est particulièrement adapté aux indépendants et aux petites et moyennes entreprises du secteur du numérique. Après tout, c'est plus particulièrement ce groupe de personnes qui gaspille un temps précieux sur des tâches organisationnelles et administratives qui ne sont guère productives. C'est précisément au niveau de ces points charnières qu'une solution automatisable vaut son pesant d'or. La facturation automatique via Fastbill vous permet de suivre vos revenus et vos dépenses (y compris les reçus que vous téléchargez dans le Cloud). En outre, vous pouvez non seulement créer facilement des devis et des factures pour les clients, mais aussi, en relation avec votre propre boutique en ligne, créer et envoyer automatiquement une facture sur l'e-mail du client et la faire enregistrer dans le système. Ce processus fonctionne très bien grâce à un certain nombre d'interfaces. Les finances de votre entreprise (et de votre ménage) sont clairement résumées et vos flux de trésorerie sont documentés. Vous pouvez également configurer un accès externe pour votre comptable. Celui-ci peut alors accéder rapidement et facilement à toutes les données pertinentes pour lui.

Tarif : à partir de 9 euros par mois.

Outil n°2 : épargner de façon entièrement automatisée avec l'application Clinc

L'idée de Clinc est géniale. Cette application mobile vous permet d'accumuler un revenu semi-passif grâce à l'épargne de petits montants. Ça a l'air dingue au début. Mais cette application épargne pour vous de manière complètement automatique et apprend aussi de vous constamment ! À l'heure où j'écris ces lignes (01/2019), elle est disponible uniquement aux Etats-Unis, en Grande-Bretagne et en Allemagne. Une fois que vous avez relié cette application à votre compte courant, elle démarre son service algorithmique. Elle trouve alors de petits montants à épargner - sur la base d'analyses continues de vos habitudes de consommation, qu'elle transfère pour vous automatiquement sur un compte épargne. Vous accumulez ainsi un capital de plus en plus important, que vous pouvez investir plus tard dans l'expansion de vos sources de revenus passifs. Une option spéciale vous permet d'entrer un montant individuel comme objectif d'épargne. Par exemple, fixez-vous l'objectif d'économiser 1 000 euros et achetez vos premières actions. Ou utilisez cet argent pour lancer une offensive publicitaire pour vos produits et services.

Outil n°3 : Diversification entièrement automatisée avec l'application Acorns

L'application « Acorns » est une extension intéressante ou alternative à Clinc, mais utilisable uniquement aux Etats-Unis (en date du 01/2019). Cependant, le concept est si ingénieux que je me devais de le mentionner dans ce livre. Après tout, il n'est pas improbable que des entrepreneurs aient une idée identique à Acorns et que l'on retrouve son équivalent bientôt sur le marché français. Cette application arrondit chaque achat effectué avec votre carte de crédit et l'investit dans un portefeuille d'actions diversifié (ETF). Cette approche est très prometteuse. À long terme - et sans vraiment vous en rendre compte - vous vous créez un flux de revenus passifs en constante augmentation, ce qui génère de l'argent supplémentaire à partir de vos dépenses et de vos économies.

Les coûts de ce service sont faibles. Pour les moins de 24 ans, il est gratuit, après quoi un dollar par mois sera facturé tant que votre portefeuille ne dépassera pas 5 000 USD.

Il existe encore un grand potentiel dans ce secteur. Les services numériques qui vous permettent d'économiser de l'argent tout en jouant le rôle d'un gestionnaire de patrimoine sont la pierre angulaire de l'avenir digital.

Vous disposez maintenant des connaissances théoriques les plus importantes pour mener à bien votre projet « Construire un revenu passif ». Place maintenant à la pratique. Commençons par les revenus passifs en ligne. Ils vous demandent beaucoup plus de travail (temps), mais sont associés à de faibles dépenses en capital et promettent des gains extrêmement juteux. Ensuite, nous évoquerons les revenus passifs « hors ligne », qui demandent moins de temps, mais ne fonctionnent pas sans capital. La troisième source de revenus passifs est la location de biens. Tout un chapitre est prévu à cet effet.

Je vous souhaite beaucoup de succès !

Revenu passif en ligne

« Si l'on veut réussir, il vaut mieux partir sur de nouveaux chemins que de parcourir les chemins délavés du succès accepté. »
TIMOTHY FERRISS

Une entreprise en ligne, c'est comme un jet privé. Le kérosène qu'il transporte peut-être comparé aux produits ou aux services qu'elle vend. Si vous vous efforcez d'emprunter cette voie, peut-être que des idées nouvelles émergeront. Avec ce que vous avez appris précédemment, vous réussirez très certainement le test théorique afin de piloter un tel monstre, mais il vous manque encore les leçons pratiques dans le simulateur. Des leçons pratiques que vous ne pouvez pas prendre sans l'aide d'un instructeur de vol qui a exactement cette expérience. Quel que soit votre niveau de connaissances théoriques, vous avez besoin d'aide et de conseils pratiques, sinon votre projet pourrait bien se terminer en catastrophe ! Cette métaphore est d'une sagesse indéniable et s'applique à 100 % au développement de revenus passifs. Alors laissez-moi vous donner quelques leçons pratiques de vol et bientôt vous pourrez décoller.

Rien de ce que vous n'avez pas encore expérimenté, ne peut être décrit comme un savoir.

La condition préalable

Il faut d'abord appliquer et expérimenter vous-même ce que vous avez appris afin de pouvoir vraiment le comprendre et le mettre en œuvre. Il en va de même pour le développement de flux de revenus passifs. Vous n'aurez une courbe d'apprentissage abrupte que si vous appliquez aussi souvent et aussi intensément que possible la théorie dans la pratique. Sinon, même les plus petits échecs pourraient vous écarter de votre bonne trajectoire. Non seulement, vous ne connaîtrez pas de succès financier, mais des obstacles vous priveront de votre motivation et pourront même vous arrêter. Vous n'avez besoin que de quelques heures de pratique pour mettre la « machine » en marche.

> *« Notre plus grande faiblesse est d'abandonner.*
> *La voie vers le succès est toujours de réessayer. »*
> THOMAS ALVA EDISON

Ne vous attendez donc pas à ce que du jour au lendemain des miracles financiers se produisent. En tant qu'entrepreneur voulant se constituer des revenus passifs, vous aspirez en fin de compte à un style de vie vous offrant du temps libre et non pas la richesse matérielle. Néanmoins, la richesse matérielle est certainement l'une des raisons pour lesquelles vous avez acheté ce livre. Vous pouvez atteindre cet objectif beaucoup plus rapidement en ligne que hors ligne. D'où une courte digression basée sur le livre hautement recommandé «The Millionaire Fastlane » de MJ DeMarco.

La voie express vers la liberté financière

Votre propre entreprise en ligne combine un potentiel financier illimité avec un faible risque commercial. Comme déjà décrit précédemment, c'est avant tout votre investissement en temps qui vous mènera ou non vers le succès.

Cependant, votre business exige aussi un certain changement dans votre manière de penser. Vous devez laisser de côté votre approche traditionnelle et fortement conservatrice de l'argent. Ni notre éducation scolaire, ni nos études, ni notre travail ne décident de notre prospérité. Nous seuls, sommes capables de construire notre propre avenir (en dehors des sentiers battus). Je sais que c'est tout sauf facile. J'ai moi-même mis plusieurs années avant d'avoir cet état d'esprit. Après tout, l'éducation et la société nous ont façonnées pour faire de nous de fidèles hamsters prêts à monter dans la roue, plutôt que pour nous pousser à donner le meilleur de nous-même. Mais chacun est libre de son destin. Vous seul décidez, au travers de vos choix et de vos actions, de votre avenir. Tout ce que vous avez à faire, c'est de prendre votre avenir en main dès aujourd'hui.

La formule de la richesse

Avant de vous présenter la formule de la richesse, je dois encore une fois parler de la séparation entre-temps et revenu. Tant que votre revenu est lié à votre temps de travail actif, la richesse, surtout la richesse rapide, n'est qu'une utopie. À certains égards, cela s'applique également au septième chapitre portant sur la constitution de revenus passifs hors ligne. Le facteur temps y est décisif pour une raison différente – mais nous y reviendrons plus tard. Il est possible de devenir riche du jour au lendemain grâce à ses propres produits ou services. Que ce soit via une application qui est soudainement téléchargée des milliers de fois, ou en tant qu'auteur de best-sellers. Les possibilités sont multiples. Cependant, il existe une recette simple à comprendre.

Bénéfice = nombre de produits vendus x bénéfice par produit

Cette formule a l'air relativement banale, n'est-ce pas ? Pourtant, c'est l'arbre qui cache l'immense forêt. Cela s'applique également à la formule de la richesse. Ce qui peut vous rendre vraiment riche et financièrement libre ici, c'est le contrôle des deux variables.

Accroître le profit par produit (généralement en augmentant le prix ou en réduisant les coûts de production), ou multiplier le nombre de produits vendus, ce qui a pour effet d'augmenter automatiquement votre profit. Une augmentation de 10 à 100 ventes décuple vos revenus ! Une augmentation à 1 000 ventes, par exemple, par le biais d'une publicité intelligente, multiplie même votre bénéfice par 100 ! Si vous voulez suivre ce chemin, vous devez absolument vous approprier ce principe. Vous ne parviendrez à cela qu'en l'expérimentant vous-même. Vous pouvez lire encore 1 000 autres livres sur le sujet, assister à des conférences ou écouter des livres audios, mais vous ne comprendrez vraiment ce principe qu'en le pratiquant. Le contrôle de vos revenus est un aspect essentiel de la liberté (financière).

Imaginez ne plus avoir besoin de supplier votre patron pour obtenir une augmentation de salaire, mais en être vous-même à l'origine. Pour que cela se produise le plus rapidement possible, vous devez connaître les 3 variables les plus importantes dans le domaine de la vente.

Mais avant de vous lancer dans un projet, profitez de ce moment pour commencer à penser aux (futurs) produits ou services que vous aimeriez vendre. Qu'est-ce qui vous intéresse particulièrement ? Dans quoi avez-vous déjà de l'expérience ou des talents particuliers ? Utilisez le reste de cette page pour écrire vos premières idées spontanément et sans filtre.

Les variables essentielles dans la vente

*« Combien de millionnaires connaissez-vous qui se sont
enrichis grâce à leur compte épargne ?
Je n'en connais pas. »*
ROBERT ALLEN

J'aurais tellement aimé avoir ce livre entre mes mains il y a quelques années. J'aurais probablement évité beaucoup d'embûches et j'aurais déjà pu acquérir une petite maison au Mexique et au bord de l'océan Pacifique. La méthode des « essais et erreurs » m'a permis d'acquérir beaucoup d'expérience pratique et de l'intégrer dans ce livre. J'espère sincèrement que vous pourrez en profiter maintenant. Commençons par les variables les plus importantes dans la vente de produits et services. Elles s'appliquent aussi bien à un business en ligne que hors ligne. Elles vous montrent comment réussir à vendre et comment vos tendances se développent. Vous devriez donc constamment les suivre et les documenter.

Le taux de conversion

Ce mot semble assez technique au premier abord, mais il est très facile à comprendre. Le mot conversion vient du latin « conversio ». Il signifie « inversion » et indique donc un changement d'état. Dans le cas du marketing et de la vente, nous entendons le changement d'état de simple visiteur → à prospect et de prospect → à client. Il y a 3 statuts importants :

1. Visiteur
2. Prospect
3. Client

1. Visiteur :

Les visiteurs ne cherchent généralement que des informations ou des solutions (gratuites) à un problème d'actualité. En principe, ils ne sont pas (encore) prêts à acheter un produit ou un service pour résoudre un problème. Les visiteurs peuvent être transformés en prospects ou bien en clients. Alors que le « taux de conversion » pour les acheteurs potentiels est de 25 %, la probabilité de vente directe n'est que d'un pour mille (1 sur 1 000). En règle générale, seul un millième visiteur achète directement un produit ou un service. Tout simplement parce qu'il n'était pas mentalement préparé pour un achat !

2. Prospect :

Chez les prospects, cette relation est déjà quelque peu différente. Ils ont déjà acquis un certain nombre de connaissances de base et ont obtenu des informations. Il se peut même qu'ils sachent déjà quel produit ou service leur convient. En tout état de cause, ils se caractérisent par un seuil d'inhibition d'achat nettement inférieur, puisqu'ils ont déjà reçu des informations initiales et que la confiance s'est construite. Le marketing en ligne, en particulier, parle d'un taux de conversion moyen d'environ 3 % entre le client potentiel et le client. Cependant, cette valeur peut aussi facilement atteindre plus de 10 %. Surtout si vous offrez des produits ou des services de haute qualité et que votre groupe cible est très pertinent. Le sujet « groupe cible pertinent » fera donc l'objet d'un chapitre distinct.

3. Client :

La définition du client doit être claire. C'est une personne qui (vous) a acheté un produit ou un service. Le processus de transformation progressive des visiteurs et prospects en clients est extrêmement important. Celui-ci, à son tour, est dû à deux aspects élémentaires de la psychologie d'achat.

Une personne qui vous a déjà acheté un produit le fera probablement 30 fois plus souvent qu'une personne qui ne vous a encore rien acheté.

Le premier achat réduit donc considérablement le seuil d'inhibition pour les achats ultérieurs.

De plus, la fidélisation active de la clientèle est beaucoup plus facile que l'acquisition active de clients. Satisfaire un nouveau client est beaucoup plus difficile que de garder un client existant satisfait. Cela devrait donc être un autre point de mire de vos activités de vente. Cette relation est relativement simple. Alors que gagner de nouveaux clients vous coûte généralement de l'argent ou du temps, vous pouvez utiliser les clients existants pour générer des revenus supplémentaires. Ces deux adversaires diamétralement opposés du flux de trésorerie doivent être utilisés à votre avantage. Vos clients existants connaissent vos produits, leur prix et leur qualité. Cela crée à son tour une base de confiance qui doit être maintenue !

Comprendre la relation entre ces trois statuts (visiteur, prospect et client) est un élément constitutif élémentaire du (futur) succès de votre entreprise (en ligne). Votre objectif est soit de transformer les visiteurs directement en clients, soit d'atteindre cet objectif par le « statut intermédiaire », du prospect, dans une séquence intelligente, systématique et principalement automatisée. Puisque nous nous trouvons dans la partie de ce chapitre consacrée aux business en ligne, vous rencontrerez le terme taux de conversion encore plus fréquemment.

Le taux de conversion est-il vraiment si important ?

Des taux de conversion particulièrement bas vous empêchent de comprendre rapidement l'importance que peuvent avoir de petites progressions (ou régressions) de ce dernier. Au début, je me demandais aussi « quelle importance d'avoir un taux de conversion de 2,5 ou 3 % ? Je voulais atteindre 10% ! » Mais avec cette façon de penser, je me suis limité. Comment ? L'exemple suivant va vous le montrer.

Supposons que vous vendiez des compléments alimentaires en ligne par l'intermédiaire d'un site Web de niche très populaire. Dans ce qui suit, nous supposons deux scénarios différents.

Toutes les variables du cas n°1 et du cas n°2 sont maintenues constantes. Seul le taux de conversion de prospect > à client est augmenté de 2,5 % à 3 %.

Cas n°1 :

- Nombre de visiteurs par mois : 1 million
- Conversion en prospect : 5 %
- Conséquence : Prospects par mois : 50 000 (= 1 million de visiteurs x 5 %)
- Panier d'achat moyen : 18,50 €
- Taux de conversion de prospect > à client : 2,5 %.

Chiffre d'affaires = (prospects x taux de conversion) x panier d'achat moyen

→ Chiffre d'affaires = (50 000 x 0,025) x 18,50 = 23 125 €.

Cas n°2 :

- Nombre de visiteurs par mois : 1 million
- Conversion en prospect : 5 %
- Conséquence : Nombre de prospects par mois : 50 000
- Panier d'achat moyen : 18,50 €
- Taux de conversion de prospect > à client : 3 %

Chiffre d'affaires = (prospects x taux de conversion) x panier d'achat moyen

→ Chiffre d'affaires = (50 000 x 0,03) x 18,50 = 27 750 €.

Ce prétendu petit écart de taux de conversion de 0,5 % entraîne une différence de chiffre d'affaires de 4 625 €. Et ceci tous les mois ! Cela devrait à présent être plus clair pour vous à quel point le taux de conversion est important même sur un volume de ventes relativement faible ! Par conséquent, la règle de base est :

L'augmentation du trafic (nombre de visiteurs) précède l'augmentation du taux de conversion !

Tout d'abord, vous devez optimiser votre taux de conversion avant de chercher à obtenir un grand nombre de visiteurs. Sinon, la majeure partie de votre potentiel d'achat et donc de vos revenus théoriques s'envolera.

Le nombre de visiteurs

Bien entendu, tout cela n'est pas possible sans visiteurs non plus. Dans le jargon du business en ligne, les visiteurs sont aussi appelés trafic. Dans son livre «The Millionaire Fastlane», l'auteur MJ DeMarco dit : « pour faire des millions, il faut atteindre des millions de personnes ». La citation de DeMarco peut être reliée à 5 impératifs :

N°1 - l'impératif du besoin
Vous ne pouvez réussir que si vous répondez aux besoins non satisfaits des clients et non aux vôtres !

N°2 - l'impératif de l'entrée
Plus l'entrée sur un marché est facile, plus la concurrence y est forte. Toutefois, cela ne doit pas nécessairement être perçu comme un frein. Parce que beaucoup de concurrence signifie généralement qu'il y a une forte demande dans ce domaine !

N°3 - l'impératif du contrôle
Vous devriez garder le contrôle de votre entreprise. Surtout en ce qui concerne la formule de la richesse (voir ci-dessus). Plus vous êtes indépendant des autres entreprises, plus votre business sera stable et de bonne qualité.

N°4 - l'impératif de l'effet de levier

Pouvez-vous facilement vendre votre produit 500, 2 000 ou même 100 000 fois ? Alors c'est un excellent produit pour générer un revenu passif parce qu'il peut être vendu automatiquement.

N°5 - l'impératif du temps

Si votre entreprise fonctionne de manière indépendante, alors vous êtes vraiment libre. Sinon, selon DeMarco, il s'agit toujours d'un emploi. Ainsi, faites-en sorte de concentrer toute votre énergie sur l'objectif suivant : quel que soit le temps libre dont vous disposez, votre entreprise doit faire des profits.

Selon DeMarco, les idées de business qui remplissent ces 5 commandements sont les meilleures solutions pour s'enrichir rapidement !

Avant d'en venir à deux conditions préalables extrêmement importantes, nous allons examiner à nouveau l'impact sur les ventes qu'à le nombre de visiteurs ; cela à l'aide des deux cas simplifiés présentés dans le chapitre précédent. Supposons que toutes les variables sont constantes et que, dans les deux cas, un taux de conversion de 3 % de prospect > à client est atteint. Dans le deuxième cas, nous augmentons maintenant le nombre de visiteurs par mois d'un demi pour cent, suite au changement du taux de conversion par rapport au chapitre précédent. Cela correspond à 50 000 personnes en plus, une ville entière !

Cas n°1 :

- Nombre de visiteurs par mois : 1 million
- Conversion en prospect : 5 %
- Conséquence : Nombre de prospects par mois : 50 000
- Panier d'achat moyen : 18,50 €
- Taux de conversion de prospect > à client : 3 %

Chiffre d'affaires = (prospects x taux de conversion) x panier d'achat moyen

→ Chiffre d'affaires = (50 000 x 0,03) x 18,50 = 27 750 €.

Cas n°2 :

- Nombre de visiteurs par mois : 1,05 million
- Conversion en prospect : 5 %
- Conséquence : prospects par mois : 52 500 (= 1,05 million de visiteurs x 5 % de conversion)
- Panier d'achat moyen : 18,50 €
- Taux de conversion de prospect > à client : 3 %

Chiffre d'affaires = (prospects x taux de conversion) x prix d'achat moyen

→ Chiffre d'affaires = (52 500 x 0,03) x 18,50 = 29 137 €.

Avec une augmentation de 50 000 visiteurs par mois, nous avons généré moins de chiffre d'affaires qu'avec l'augmentation de 0,5 % du taux de conversion. Selon vous, qu'est-ce qui est plus facile à réaliser ? La réponse devrait être assez claire. Générer 50 000 nouveaux visiteurs est beaucoup plus difficile et peut même coûter (beaucoup) beaucoup plus d'argent. Dans la plupart des cas, cependant, l'amélioration du taux de conversion est gratuite et implique souvent un investissement en temps relativement petit. Voici donc une preuve supplémentaire de la règle de base :

D'abord la conversion, puis le trafic !

La résolution des problèmes de votre groupe cible

Idéalement, vos visiteurs devraient correspondre exactement à votre groupe cible. Chaque recherche, qu'il s'agisse d'un produit ou « uniquement » d'informations, est toujours précédée d'un problème. Un problème qui doit être résolu.

Plus vos visiteurs entrent dans vos catégories de groupes cibles, plus il est facile de leur présenter et de leur vendre votre produit ou service comme une solution à leur problème.

Plus la différence entre la solution et le problème est grande, plus la valeur ajoutée est grande. Un mot qui est malheureusement trop souvent utilisé aujourd'hui et sans qu'on s'interroge sur son sens. Idéalement, la valeur est supérieure à zéro. Cela signifie que vous n'avez pas seulement résolu le problème, mais aussi créé de la valeur pour le client. Plus la valeur ajoutée que vous créez est grande, plus vous gagnez la confiance de vos prospects ou clients, et plus le seuil d'inhibition pour faire des achats chez vous diminue (de nouveau).

Une façon de penser que la « résolution du problème » des clients est donc une partie intégrante de l'esprit de l'entreprise. Découvrir les problèmes spécifiques des clients et les résoudre avec un produit ou un service doit être votre objectif lorsque vous créez des flux de revenus passifs dans le secteur du numérique. Le livre «Convaincre en moins de 2 minutes» de Nicholas Boothman donne de bons conseils à ce sujet.

La pertinence des visiteurs

Quiconque s'intéresse au marketing en ligne, ne peut plus voir en peinture le mot « pertinence ». Comme pour le mot « valeur ajoutée », il semble avoir dégénéré en boucheur de trous.

La pertinence de votre trafic visiteurs décrit une variable extrêmement importante dans les ventes. La pertinence signifie l'importance ou la réceptivité d'un visiteur à un message. Ce terme est utilisé en particulier dans le marketing en ligne afin de proposer des publicités adaptées précisément à des groupes cibles spécifiques. L'objectif est donc de s'adresser à des groupes cibles préalablement définis d'une manière précise et très spécifique. Un exemple simple devrait vous montrer ce que cela signifie dans la pratique.

Exemple :

Vous avez créé un blog de lingerie féminine artisanale taille XL. Vous informez les visiteurs, les prospects et les clients sur la qualité, les méthodes de production, les labels éventuels tels que le commerce équitable, les différentes occasions où les sous-vêtements peuvent être portés, quel type de sous-vêtements, quels sous-vêtements conviennent particulièrement bien, etc. Vous vendez ces dessous faits main taille XL sur votre propre boutique en ligne. Vous avez donc défini un groupe cible très spécifique. C'est fondamentalement excellent !

Soudainement vous décidez, parce que vous vous intéressez à ce sujet en ce moment ou parce que vous avez reçu une offre de publication d'article, de publier des contenus sur les pistes cyclables en Europe de l'Est et de mettre des vélos en vente sur votre boutique en ligne.

Pensez-vous que cela plaît ou intéresse votre groupe cible ?

Bien sûr que non ! Et pire encore, en faisant cela vous allez perdre vos clients ! Après tout, votre contenu n'est soudainement plus pertinent pour votre groupe cible d'origine !

Définissez votre groupe cible de manière plutôt étroite et ne leur fournissez que du contenu correspondant à leurs intérêts et à leurs préférences. Tout le reste est superflu ou même contre-productif ! De plus, plus vous définissez votre groupe cible de façon précise, plus il vous sera facile de vous adresser à lui, de l'interpeller et de le séduire.

Quelques exemples devraient contribuer à la compréhension.

- **Mauvaise définition du groupe cible :**
Personnes qui ont besoin de nouveaux sous-vêtements.

- **Bonne définition du groupe cible :**
Femmes aux formes rondes, intéressées par des sous-vêtements taille XL.

- **Mauvaise définition du groupe cible :**
Personnes qui ont besoin d'une nouvelle voiture.

- **Bonne définition du groupe cible :**
Hommes intéressés par les voitures classiques d'une valeur de moins de 30 000 euros et âgés de plus de 50 ans.

- **Mauvaise définition du groupe cible :**
Personnes stressées

- **Bonne définition du groupe cible :**
Étudiants surmenés qui ont peur des examens.

Vous voyez, le choix de votre groupe cible est extrêmement important et détermine la facilité avec laquelle vous pourrez vendre vos produits. Encore une fois, plus votre groupe cible est étroit, plus il est petit, plus vous pourrez l'atteindre avec précision. Je préférerais atteindre 1 000 personnes très spécifiques plutôt qu'un million de personnes peu pertinentes !

Une bonne source d'information gratuite sur ce sujet important qu'est le « Content Marketing » peut se trouver sur le blog : www.marketing-contenu.com.

Le prix

Dernier point, mais pas le moindre : le prix. Il a également une influence décisive sur le chiffre d'affaires et les revenus. D'ailleurs, un prix élevé ne doit pas obligatoirement signifier moins de ventes et vice versa. C'est un malentendu largement répandu !

Cependant, l'établissement des prix est une discipline en soi. Il vit avant tout de l'expérience que vous avez faite avec les réactions de votre groupe cible. J'ai, par exemple, souvent remarqué que certains livres se vendent encore mieux quand j'augmente le prix ! C'est exactement pour cela qu'une analyse précise de votre groupe cible (et de son pouvoir d'achat) et qu'une documentation continue, sont nécessaires.

Vous pouvez également augmenter votre marge sans modifier le prix. La clé du succès est la réduction des coûts unitaires par produit. Plus vos coûts unitaires sont bas pendant la production, plus votre marge est élevée. Alors vous pouvez même baisser le prix et gagner encore plus. De plus, vous êtes susceptible d'augmenter votre part de marché par rapport à vos concurrents. Comme ce livre n'est pas un guide de marketing, je vous renvoie à un collègue pour des informations plus détaillées. Le livre « E-marketing» Virginie Faivet et Anthony Guedj est un excellent aperçu des stratégies de prix parfois très complexes dans le marketing en ligne.

Quoi qu'il en soit, pour que votre projet réussisse vraiment, vous devez constamment vous entraîner dans votre domaine et rester à la page. Ce qui suit s'applique en particulier en ligne, : « qui s'arrête, prend du retard » - et rapidement !

La mise en pratique

Que vous le croyez ou non, vous n'avez jamais été aussi près de pouvoir vous allonger dans un hamac sur la plage dans les Caraïbes et de quitter votre travail ennuyeux.

Néanmoins, cela restera une utopie tant que vous ne prendrez pas votre destin en main. Fondamentalement, il existe un certain nombre de façons intéressantes et lucratives d'accumuler un ou plusieurs flux de revenus passifs en ligne. Cependant, tous les chemins ne conviennent pas à tous les types de personnes. Nous avons tous des intérêts hétérogènes, des préférences et des caractères différents. C'est cette diversité qui rend la vie si attrayante et diversifiée. Sans cela, la vie ne serait pas faite de surprises et ne serait probablement rien d'autre qu'une séquence ennuyeuse d'événements prévisibles. C'est pourquoi je voudrais vous montrer dans ce chapitre, les projets, de mon point de vue, les plus réalisables. Ne lisez pas ce chapitre comme un livre d'école, mais regardez-le du point de vue d'un entrepreneur. Quelles options vous touchent sur le plan émotionnel et parlent à votre intuition ? Idéalement, elles se complètent les unes les autres avec vos intérêts, vos passions et vos capacités innées ou acquises.

De plus, vous recevrez un aperçu théorique de chaque idée et une première introduction pratique aux prochaines étapes nécessaires. Maintenant c'est à vous de réaliser votre rêve... !

Le blog ou le site web (de niche)

*« Vous devez jeter l'argent par la fenêtre pour qu'il puisse
re-rentrer par la porte d'entrée. »*
KARL LAGERFELD

Lorsque vous entendez le terme « en ligne », la première chose à laquelle vous pensez est un site Web. Que ce soit Wikipédia, Zalando, eBay, Amazon, un site Web d'entreprise, un site Internet dit de niche ou un blog. Fondamentalement, vous pouvez gagner de l'argent avec un blog ou un site Web de différentes manières, plus ou moins passivement. En règle géné-rale, ils sont utilisés pour attirer des visiteurs (qui doivent être transformés en prospects) ou pour attirer directement des prospects (qui doivent être transformés en clients).

Des moyens réalistes de gagner de l'argent avec un blog

Selon mon expérience, il n'y a que quatre façons sérieuses et vraiment réalistes de gagner de l'argent avec une présence sur Internet. Elles vous seront présentées dans ce chapitre.

1. Placer une bannière publicitaire (Google AdSense)
2. Vendre de backlinks
3. Faire de l'affiliate marketing (ex. programme d'affiliation Amazon, assurance, etc.)
4. Vendre vos produits et/ou services

1. Placer une bannière publicitaire (Google AdSense)
Placer une bannière publicitaire est un moyen relativement pratique de transformer votre site Web (j'inclus les blogs avec le terme site Web à partir de maintenant) en une véritable machine à cash. Google est le plus grand réseau publicitaire de tous les temps.

Avec son programme publicitaire Google AdSense, il possède non seulement les parts de marché les plus élevées, mais aussi les taux de conversion les plus élevés, selon la société d'analyse de marché Datanyze. De plus,
installer une bannière publicitaire est extrêmement simple. Ceci, à son
tour, promet un revenu initial sans grande perte de temps. De même, des
connaissances en programmation, par exemple HTML, ne sont pas vraiment nécessaires. Vous n'avez qu'à insérer des codes HTML aux endroits
où vous voulez que la bannière publicitaire apparaisse sur la page principale ou la page secondaire. Vous autorisez Google à faire de la publicité sur
votre site Web. Cette publicité, à son tour, est précisément adaptée (ciblée) par Google aux visiteurs. C'est pourquoi des publicités qui correspondent exactement à vos centres d'intérêt s'affichent généralement lorsque
vous vous rendez sur votre messagerie en ligne, ou lorsque vous surfez
sur le net. Cela fonctionne d'abord parce que la plupart des gens permettent à Google, en autorisant les cookies, de stocker et d'analyser leurs habitudes de recherche et de navigation. Sur la base des données collectées et
de votre adresse IP individuelle, Google affichera alors, dans les bannières
publicitaires placées sur votre site Web, une publicité ciblée et spécifique
adaptée aux visiteurs. D'autre part, la publicité est également « liée au con-
texte ». Cela signifie qu'elle est adaptée au contenu du site et s'applique
donc principalement aux intérêts des visiteurs.
Les deux composants expliquent le taux de conversion extrêmement élevé
de plus de 5 % pour le « trafic froid » (visiteurs qui ne cherchaient pas
vraiment à acheter le produit exposé). Les honoraires sont payés soit par
impression (publicité) ou par clic et sont débités mensuellement.

À partir de quand Google AdSense est-il rentable ?
Dans le marketing en ligne, la règle est que vous devez avoir au moins 10
000 visiteurs par mois sur votre site Web avant de commencer à faire de
la publicité. Par conséquent, si c'est la solution que vous retenez, concentrez-vous d'abord sur la création de contenu et la constitution d'un large
lectorat ou d'une base de fans. Votre revenu potentiel ne peut pas être for-
faitaire et dépend avant tout de la pertinence de vos visiteurs et de leur
comportement de clic/ d'achat.

En gros, avec 1 000 pages vues par jour, vous pouvez vous attendre à des gains allant de 1 à 10 €.

2. Vendre des backlinks

En 2016, nous vendions, mon associé Jens et moi, de temps à autre des backlinks sur notre premier blog www.geldsystem-verstehen.de. Le site web est né d'un projet qui nous tenait à cœur durant nos études, à savoir écrire un livre sur les erreurs et errances du système financier. Lors des premières ventes de backlinks, nous avons enregistré un trafic d'environ 4 000 visiteurs par mois. Ce qui est très correct. Il était donc pour nous encore trop tôt pour utiliser Google AdSense. Après tout, seules les personnes qui s'intéressent réellement au monde de l'argent et de la finance, souhaitent comprendre le système monétaire et pourquoi nous sommes éduqués pour passer notre vie à courir dans une roue de hamster. À cet égard, notre trafic de visiteurs est certainement précieux pour les annonceurs. Mais qu'est-ce qu'un backlink ?

Les backlinks sont des liens organiques d'un site Web à un autre. Ce sont principalement les moteurs de recherche qui évaluent ces liens. Plus ils sont spécifiques et pertinents pour le groupe cible du site web respectif, plus l'évaluation sera positive. Cela signifie que le fait de relier notre site Web à un site Web de vente de lingerie taille XL serait moins utile pour notre classement sur le moteur de recherche que le fait de se relier au site Web d'un courtier en ligne. La qualité de ces liens ou de leur contenu est également appelée "link-juice" (en français jus de lien). Ce "jus" très puissant présente un intérêt particulier pour les grandes entreprises du secteur du numérique. Plus ils génèrent de backlinks de haute qualité, meilleur sera leur classement (ranking) lors des requêtes de recherche en ligne (par exemple sur Google). Le ranking détermine à son tour la fréquence à laquelle un site Web sera visité ou non par les visiteurs et les clients potentiels.

En conséquence, nous avons reçu plus de 100 demandes d'agences de publicité en ligne en 2018. Ces dernières sont chargées par leurs clients de générer des backlinks de haute qualité.

Pour cela, elles cherchent des sites Web et des blogs de niche pertinents. Habituellement, il y a alors un échange entre l'agence de publicité et le site web. L'agence de publicité crée un article de haute qualité (vous pouvez aussi le créer vous-même) et y met l'URL cible de son client. Elle vous paiera pour la publication sur votre site Web. Cependant, l'article doit être marqué par vous comme "contenu sponsorisé". Par définition, il ne s'agit pas d'un revenu exclusivement passif, mais la publication ne vous coûte presque pas de temps, puisque l'article est déjà écrit et pré-formaté. Nous n'avons publié aucun article ne dépassant pas un montant de 200 euros jusqu'à fin 2017. La publication, la facturation et l'expédition des factures nous coûtent un maximum de 15 minutes. Soit un salaire horaire d'environ 800 euros. Pas complètement passif, mais très gratifiant. Ce qui est passif dans cet exemple, cependant, c'est le contenu de l'article que vous n'avez pas à créer, ainsi que la publicité et l'acquisition qui rend votre site Web entièrement automatique pour vous (24 heures sur 24, 7 jours sur 7). Nous avons pu publier des articles d'une valeur de plusieurs milliers d'euros entre 2016 et 2017 avec un minimum d'effort. Mais attention : pour arriver à cela, nous avons dû investir beaucoup de temps et d'énergie dans la création d'un blog de haute qualité et spécifique à un groupe cible. Si notre trafic mensuel était plus élevé, nous pourrions certainement facturer un multiple du prix de l'article. Vous pouvez également vendre activement des backlinks, par exemple sur le site Internet Banklinkseller. Mise à jour : entre-temps, depuis le 01/2019, nous ne vendons plus notre Link-Juice (jus de liens). D'une part, cela a un impact légèrement négatif sur le classement des moteurs de recherche et, d'autre part, nous voulons rester 100 % authentiques et neutres pour nos lecteurs. Néanmoins, il s'agit d'une source de revenus attrayante qui peut également apporter une valeur ajoutée aux lecteurs. Par conséquent, veuillez choisir vos partenaires avec soin et toujours penser à vos lecteurs en premier.

Les points n°3 et n°4 sont encore plus conséquents. Je les aborderai donc séparément dans les chapitres suivants.

Démarrez avec votre propre blog en seulement 6 étapes

Étape n°1 - Créer de la valeur grâce à une compétence spéciale

Tous les gens qui souhaitent trouver leur « bonheur » dans le monde numérique se posent cette question. À mon avis, une compétence, une passion ou du moins un intérêt marqué pour un sujet est indispensable. Que vous souhaitiez lancer un business en ligne ou hors ligne ! Posez-vous les questions suivantes :

- Qu'est-ce qui vous plaît le plus ?
- Quels sont vos domaines de prédilection ?
- Quels sont vos talents et vos forces ?
- Y a-t-il quelque chose que vous avez toujours voulu faire ou réaliser ?
- Que diriez-vous de célébrer cela dans une expérience de soi documentée numériquement et de gagner de l'argent avec ?

Les expériences personnelles et les rapports de terrain sont généralement beaucoup plus populaires et crédibles que les analyses sobres et super-professionnelles. Après tout, c'est votre personnalité qui est ici au premier plan. Vous créez une base pour que vos (futurs) clients puissent s'identifier avec vous-même en tant que personne et donc avec les produits que vous leur proposez. C'est l'une des clés du succès du marketing en ligne !

Donc, avant de pouvoir commencer en ligne, vous devez identifier ces compétences et ces passions. Sinon, vous vous écarterez de votre chemin plus vite que vous ne l'aviez soupçonné. Trouver cette voie exigera de la persévérance, de la patience, de l'engagement et, surtout, une bonne orientation. Cependant, comme c'est l'une des conditions préalables ultimes pour moi, j'aimerais vous recommander les livres «Enfin rentier : Devenir multimillionnaire grâce à l'e-commerce», de Sébastien Cerise, et «Le café du bout du monde», de John Strelecky. La source de satisfaction du client est de parvenir à lui apporter de la valeur ajoutée.

Vous devez réussir (dans chacune de vos entreprises) à créer de la valeur. Vous créez de la valeur (ajoutée) en résolvant les problèmes de vos clients / groupes cibles.

À mon avis, cela n'est possible à long terme que si vous poursuivez quelque chose avec zèle et que vous êtes prêt à donner de votre personnalité, de votre âme et de votre énergie. Le talent seul ne suffit pas. Concentrez-vous donc sur l'utilisation de vos compétences pour créer de la valeur et la vendre selon les principes du revenu passif (effet de levier et automatisation). La valeur naît de la résolution d'un problème. Plus il y a de gens qui ont ce problème (demande), plus la valeur de ce que vous créez pour eux grâce à votre solution (offre) devient importante.

Clarifiez les points avancés plus haut avant de vous lancer dans d'autres étapes. Ils sont essentiels à votre réussite personnelle, financière et entrepreneuriale / professionnelle. Une fois que vous êtes clair à ce sujet, c'est un jeu d'enfant de faire passer votre message. Les pages suivantes vous montreront comment le faire étape par étape, avec votre propre blog / site web, rapidement et facilement - bonne chance à vous !

Étape n°2 - Logiciels libres de droit pour la création de sites Web

Au début, votre propre site Web devrait coûter le moins cher possible. Cela crée une base saine pour la croissance de vos flux de trésorerie mensuels. Par conséquent, utilisez des solutions de cloud gratuites comme « Wordpress ». Wordpress était initialement un logiciel open source à destination des blogueurs. Entre-temps, cependant, des entreprises renommées ont commencé à l'utiliser. Finalement, d'innombrables modules supplémentaires ont été développés au fil des ans pour satisfaire les souhaits les plus exigeants. Du logiciel de boutique intégrable aux systèmes de mailing et aux fenêtres pop-up, il suffit de quelques étapes d'installation pour équiper votre propre site web de tout ce dont vous avez besoin. De plus, vous pouvez donner à votre site Web un aspect très individuel, grâce à des milliers et des milliers de modèles.

Il n'est pas nécessaire d'avoir des compétences en programmation pour configurer Wordpress, ni pour installer les modules supplémentaires, appelés plug-ins. Néanmoins, avec de bonnes connaissances en programmation, il est possible de changer et modifier le programme à volonté. Si vous n'avez pas ces connaissances, une enquête auprès de vos amis, une affiche à la Faculté des sciences en informatique ou une recherche via une plateforme freelance comme upwork.com ou même fiverr.com est généralement suffisante pour acheter le savoir-faire manquant à un prix relativement bon marché.

Étape n°3 : Héberger votre site web

Une page web n'existe pas dans le vide, bien sûr. C'est pourquoi vous avez besoin d'un hébergeur et d'un espace web. Vous enregistrez le domaine de votre futur site web auprès de votre hébergeur. Le domaine est le nom ou l'URL de votre futur site Web. L'espace Web est un espace limité sur un serveur (Cloud). Vos données y sont stockées et peuvent être consultées par d'autres utilisateurs. Vous pouvez avoir cet espace Web incluant le domaine à partir de 5 € par mois. Et c'est tout ce dont vous avez besoin ! Votre projet se caractérise par des coûts d'exploitation très abordables. Le potentiel de votre site Web est cependant illimité ! Vous payez autant pour un seul visiteur par mois que pour un million.

☆ *Conseil d'expert*

Les noms de domaine idéaux sont ceux qui montrent immédiatement à votre groupe cible ce qu'est votre site. Comme votre objectif est de rendre votre site Web accessible à un groupe cible aussi large que possible, le moteur de recherche Google joue également un rôle central. Plus vous êtes positionné haut dans les requêtes de recherche, mieux c'est. Cette position reste fortement dépendante de votre nom de domaine. Notre premier site Web www.geldsystem-verstehen.de, par exemple, est toujours en tête de liste dans la requête de recherche « Geldsystem » (en français : système monétaire), bien que nous ne l'alimentions que sporadiquement avec des articles et que la concurrence augmente quotidiennement.

Étape n°4 : Installer le serveur FTP

Vous avez téléchargé Wordpress, trouvé un nom de site Web génial et disposez d'un espace Web. Alors, on peut y aller, n'est-ce pas ? Non ! Pour la dernière étape, vous avez besoin d'un programme permettant d'accéder à un serveur FTP. Votre accès individuel à votre espace Web peut servir à la fois de Cloud personnel et, surtout, à installer Wordpress. Ici aussi, grâce à Filezilla vous avez une solution open source gratuite.

Étape n°5 : La boutique en ligne

Fondamentalement, il y a 3 façons de vendre des produits et services en ligne. Vous pouvez intégrer une boutique en ligne sur votre site Web, créer votre propre boutique en ligne externe ou vendre sur l'une des innombrables plateformes en ligne (Amazon, Elopage, Udemy, Shutterstock, Zazzle, etc.).

La troisième option est particulièrement facile à mettre en œuvre. Toutefois, des frais supplémentaires (notamment de commission) sont à prendre en compte. L'avantage est cependant que vous pouvez non seulement commencer immédiatement, mais aussi réaliser des ventes organiques supplémentaires, puisque vous vendez directement au point de vente (Point of sale). Les personnes qui naviguent sur ces plateformes savent que des produits et services y sont vendus. Ils ne cherchent donc pas de l'information, mais une solution à leur problème qui peut être achetée. Les données du compte ou de la carte de crédit sont généralement déjà stockées dans le système et le processus d'achat est sécurisé, transparent et simple. De plus, les clients savent qu'ils peuvent s'attendre à une livraison rapide. Tous ces éléments sont des éléments essentiels du marketing en ligne et ont un impact énorme sur le taux de conversion.

Les options une et deux ne sont que légèrement différentes. Avoir son propre magasin, qu'il soit intégré ou externe, signifie que votre marge augmente, car aucune commission n'est due à l'opérateur de la plateforme.

Cependant, vous obtenez rarement 100 % de vos bénéfices (= prix vente -
coûts de production), car la plupart des clients paient par l'intermédiaire
de fournisseurs de paiement externes (par exemple PayPal), par carte de
crédit ou par prélèvement automatique. Cela signifie que des frais sont dus,
dont certains varient considérablement et peuvent atteindre jusqu'à 5 %
du prix de vente.

Vous voyez donc que l'installation d'une boutique en ligne est une décision à ne pas prendre à la légère. Soyez donc particulièrement prudent et
examinez attentivement si un magasin en propre vaut la peine pour vous,
surtout au début. Wordpress permet de concevoir une boutique en ligne
intégrée ou externe et permet aussi d'inclure divers fournisseurs de paiement.

Vous devez également porter une attention particulière aux bases légales en vigueur. Sans mentions légales, conditions générales de vente (CGV),
disclaimer sur la protection des données etc, votre site Internet est hors la
loi et cela peut être risqué pour vous. Ces informations doivent être directement accessibles à partir de chaque page de votre site Web. La situation
est encore plus compliquée si vous avez votre propre boutique en ligne.
Alors, jouez la sécurité et renseignez-vous auprès d'un avocat spécialiste.

Étape n°6 - Formez-vous sur les méga-marchés et le référencement (SEO)

Fondamentalement, il est logique de créer un site Web qui transforme les
visiteurs en prospects ou clients (ventes). Il y a des niches particulièrement lucratives, dont la liste ne devrait en aucun cas manquer ici. Elles sont
toutes le résultat des moteurs émotionnels de l'achat : « ressentir le bonheur ou avoir du succès » ainsi qu'« éviter la douleur ou réduire la douleur
existante ». Avec la pyramide des besoins d'Abraham Maslow, vous pouvez
trouver un nombre infini de niches. Elle résulte des 5 hiérarchies successi-
ves des besoins de toutes les personnes :

1 - Besoins physiques (manger, boire, dormir, sexualité)

2 - Besoins de sécurité (sécurité matérielle et professionnelle)

3 - Besoins sociaux (appartenance à un groupe, communication, partenariat, amitié, amour)

4 - Besoins individuels (reconnaissance, acceptation de soi, confiance en soi, succès)

5 - Besoin d'épanouissement personnel (individualité, spiritualité, gratitude, altruisme, entraide)

Sur la base de ces besoins, il existe 9 marchés particulièrement lucratifs et qui le resteront à long terme et au sein desquels il existe une demande garantie pour vos produits ou services :

1 - Santé et forme

2 - Nutrition (alimentation)

3 - Gagnez de l'argent et économisez de l'argent

4 - Faire des rencontres, tisser des liens

5 - Motivation et succès

6 - Affaires et entrepreneuriat

7 - Marketing et promotion

8 - Spiritualité, psychologie positive et épanouissement personnel

9 - Productivité, performance, gestion du temps et gestion du stress

De plus, pour réussir dans le secteur du numérique, vous devez acquérir des connaissances en optimisation pour les moteurs de recherche (SEO = Search Engine Optimization). Il s'agit d'un domaine à part entière, de sorte qu'il ne peut être mentionné que brièvement dans ce livre. Si vous êtes intéressé, je vous renvoie à l'ouvrage de référence «Réussir son référencement web» d'Olivier Andrieu.

Avec un peu de chance, vous pouvez commencer, dès demain, à attirer des visiteurs sur votre blog et leur offrir / vendre vos propres produits ou services ou ceux de quelqu'un d'autre. Mais n'oubliez pas qu'un blog vit sur des publications régulières.

Votre lectorat ou vos fans s'attendent à ce que vous publiez de manière régulière. Ils resteront certainement fidèles si vous ne les décevez pas ! Mais cela implique un travail actif... !

Pour démarrer aussi rapidement et professionnellement que possible, il est donc fortement recommandé d'externaliser les services. Vous pouvez faire écrire des articles, faire créer des blogs et laisser quelqu'un s'occuper du SEO (optimisation des moteurs de recherche) sur des plateformes comme www.upwork.com et à bas prix. Dans votre entreprise, concentrez-vous toujours sur ce que vous faites le mieux. Le reste est constamment confié à des spécialistes et des experts !

Ressources documentaires

- Google AdSense (gratuit)
  www.google.com/intl/fr_fr/adsense

- Obtenir des backlinks
  www.alioze.com

- Wordpress (téléchargement gratuit)
  wordpress.org

- Plugins Wordpress gratuits
  wordpress.org/plugins

- Boutique en ligne intégrée pour Wordpress avec interface vers Fastbill
  www.easydigitaldownloads.com

- Filezilla (téléchargement gratuit)
  www.filezilla-project.org

- Fournisseur d'espace Web pour Wordpress
  www.ovh.com

- Tutoriel pour créer un site Wordpress en 10 minutes
  youtube.com/watch?v=7U1QovBFEoQ

Créez une liste de diffusion et profitez-en à vie

« Il est souvent plus facile de faire l'irréel que le réel. »

TIMOTHY FERRIS

Celui qui s'intéresse au marketing en ligne entend depuis des années l'énoncé suivant : « l'argent est dans la liste ! ». Pendant longtemps, je n'avais aucune idée de la justesse de cette déclaration et des conséquences profondes qu'elle pouvait avoir. Aujourd'hui, je sais qu'une liste de contacts de haute qualité, composée à la fois de prospects et de clients, est cruciale pour le succès à long terme d'une entreprise en ligne. Une liste de diffusion de haute qualité peut vous rendre financièrement libre à long terme. Rappelez-vous-en lorsque vous commencerez votre projet et ayez ce fait régulièrement en mémoire. Même si votre site Internet n'est pas encore très visité, la construction d'une liste de diffusion par e-mail devrait, dès le début, être un élément important de votre stratégie.

Que signifie construire une liste de diffusion ?

Dans de nombreuses entreprises en ligne, une liste de haute qualité constituée de prospects et de clients est décisive pour le développement des ventes. L'une des étapes les plus importantes dans le commerce en ligne est de connaître au mieux votre groupe cible et d'obtenir ses coordonnées. En plus de l'adresse e-mail, les données de contact les plus importantes comprennent également un prénom. D'un point de vue juridique, seules les données absolument nécessaires à la prise de contact peuvent être demandées. Cela signifie que lorsque vous demandez aux utilisateurs d'indiquer leurs coordonnées dans votre boutique en ligne, vous ne pourrez mentionner que l'adresse e-mail comme champ obligatoire. Toutes les autres informations devront rester facultatives. Il vous suffit donc de demander leur adresse e-mail et leur prénom. Enfin, le taux de remplissage diminue de façon significative avec chaque champ supplémentaire à remplir.

En utilisant l'outil « InstaBuilder » sur Wordpress et un programme d'e-mail marketing, vous pouvez commencer dès aujourd'hui à recueillir vos premières coordonnées en quelques étapes simples. Plus ces contacts correspondent à votre groupe cible, plus ils sont de haute qualité.

Vous pouvez alors envoyer des e-mails automatisés (aussi appelés autorépondeur) contenant des offres concrètes et adaptées à forte valeur ajoutée à cette liste en constante augmentation. Dans le jargon du marketing en ligne, les coordonnées des prospects sont appelées « leads ». Cela inclut les personnes intéressées, les fans, les clients et les supporters ! Plus vous accumulez de leads de haute qualité dans votre liste, plus vous aurez de chances de gagner de l'argent avec eux. Après tout, vous pouvez adapter vos offres aux intérêts de votre groupe cible.

Comment fonctionne la construction d'une liste ?

Construire votre propre liste de diffusion n'est pas aussi difficile que vous pourriez l'imaginer. Vous vous demandez probablement comment accéder à l'adresse e-mail de votre groupe cible, c'est-à-dire vos futurs clients. Alors pensez à votre propre boîte de réception. Vous recevez certainement des newsletters et des courriels publicitaires tous les jours. À commencer par les courriels provenant de blogs intéressants qui apportent une valeur ajoutée, jusqu'aux offres de diverses plateformes de voyage qui vous suggèrent constamment que le vol à destination des Caraïbes est à seulement un clic de souris de la routine quotidienne et ennuyeuse de votre travail. Si vous recevez ces courriels, c'est parce que vous vous êtes inscrit une seule fois.

Et c'est exactement ce à quoi nous voulons parvenir. Comme de nombreuses personnes sont devenues prudentes face au débordement de leur dossier de spam, il est important de proposer une offre irrésistible à votre groupe cible. Une offre pour laquelle il est prêt à vous donner son adresse e-mail.

Cet échange est basé sur la « loi de réciprocité » qui dit que celui qui reçoit quelque chose gratuitement pour la première fois (valeur ajoutée, articles, etc.) a tendance à donner quelque chose en retour (achat, adresse e-mail, etc.). La meilleure stratégie consiste donc à créer une offre adaptée à votre groupe cible et immédiatement accessible. En règle générale, les produits suivants sont utilisés à cette fin :

- Ebooks
- Checklist
- MP3s (livres audio, manuels, etc.)
- Vidéos (principalement des tutoriels)

Selon le groupe cible, d'autres groupes de produits sont recommandés. Le taux de conversion sera particulièrement élevé (taux de saisie de l'adresse e-mail) si le produit que vous proposez évoque une valeur ajoutée particulièrement élevée. Vous pouvez même placer le message qui va suivre à l'endroit de votre site Internet qui vous semble le plus approprié : « Télécharger gratuitement l'ebook « 10 étapes pour former un chihuahua hua quand on est débutant » d'une valeur initiale de 27,00 € ! »

Cela nous amène directement à l'aspect essentiel de votre offre gratuite, également appelée « lead-magnet » (en français : aimant à lead). Votre lead-magnet doit permettre de résoudre un problème de votre groupe cible. Plus la thématique est spécifique (formation Chihuahua hua pour débutants), meilleure sera la liste de coordonnées et plus il vous sera facile, plus tard, de créer et de promouvoir de nouveaux produits adaptés à ce groupe cible. La résolution de problèmes est donc toujours au premier plan. Il est ainsi préférable d'offrir une courte check-list à haute valeur ajoutée plutôt qu'un e-book de 40 pages rempli de phrases sans importance. Fondamentalement, les tutoriels sous forme de vidéo (par exemple, une série vidéo en 3 parties) évoquent une valeur ajoutée particulièrement élevée.

La réalisation technique

Comment mettre en place le processus de recueil d'adresse e-mail ? Aujourd'hui, il y a une grande variété de plugins ou de fournisseurs de services sur le marché. En tant qu'apprenti amateur du numérique, vous serez très bientôt en mesure de générer vos premiers leads en toute simplicité. Tout ce dont vous avez besoin est ce qu'on appelle une « squeeze-page ». Il s'agit d'une page Web statique sur laquelle un prospect peut entrer son adresse électronique (généralement en échange d'un produit numérique gratuit). « Squeeze-page » parce que nous « pressons » le visiteur comme une orange pour qu'il veuille bien donner son adresse e-mail. Vous devez ensuite relier la « squeeze-page » à votre programme de messagerie électronique. Cependant, la législation impose la procédure dite du « double opt-in ». Si un client potentiel s'inscrit dans votre liste, vous devez d'abord lui envoyer un lien de confirmation. Ce n'est qu'après que l'intéressé a confirmé qu'il souhaite bien être inclus dans votre liste de diffusion en cliquant sur le lien, que vous pouvez lui envoyer votre contenu et vos offres. Notez que, sinon, vous êtes passible de poursuites judiciaires !

Pour qu'un client potentiel puisse s'abonner à votre liste de diffusion, il doit prendre connaissance de l'offre de votre « squeeze-page ». Vous pouvez y parvenir de différentes manières. Vous pouvez utiliser des pop-up sur votre site Web : ce sont des pages Web uniques statiques optimisées pour les requêtes des moteurs de recherche (aussi appelées pages d'atterrissage). Vous pouvez avoir recours à de bons articles de blog optimisés pour les moteurs de recherche ou à des vidéos YouTube, ou de la publicité payée sur Google ou Facebook pour attirer l'attention des clients potentiels sur votre produit gratuit (voir chapitre suivant : Trafic). Souvent, la combinaison de différentes approches augmente énormément la portée de votre offre !

Peu importe où vous en êtes avec votre projet, commencez à recueillir vos premières adresses électroniques dès aujourd'hui ! J'ai complètement ignoré cela pendant plusieurs années, perdant probablement des milliers de leads et des dizaines de milliers d'euros !

L'adresse e-mail devient l'actif le plus précieux à l'ère du numérique et une liste de diffusion importante et pertinente peut vous rendre financièrement libre. Une liste de diffusion pertinente est donc l'un des flux de revenus passifs les plus efficaces jamais vus ! Après tout, la plupart des programmes de courrier électronique d'aujourd'hui sont capables d'envoyer des courriels entièrement automatiquement en fonction de certaines préférences, intérêts ou comportements. Vous avez maintenant un représentant commercial numérique qui peut faire de la publicité pour vous presque gratuitement - 24 heures sur 24 !

Ressources documentaires

- GetResponse (logiciel d'email marketing avec système d'autorépondeur ; compatible avec tous les systèmes courants ; propose des pages d'atterrissage (landing pages) toutes prêtes). Notre recommandation absolue !

Coûts : flexibles, à partir de 12 euros / mois

Augmenter la qualité de votre liste (pertinence)

La qualité de votre liste est un point très important. Une qualité élevée ne peut être atteinte que si vous connaissez votre groupe cible et que vous le définissez clairement. Lorsque je demande : « qui est exactement votre groupe cible ? » Les gens ont tendance à répondre : « eh bien, en fait, tout le monde ! » Ils considèrent généralement cela comme quelque chose de positif. Cependant, il s'agit d'une erreur de marketing majeure. Ils ne connaissent pas leurs clients ou leur groupe cible et ne créent donc pas de limites. Ils ne savent pas qui achète leurs produits et services et ne peuvent donc pas cibler exactement ce groupe cible. De plus, cette déclaration montre que l'on ne s'est pas demandé qui devait acheter ce produit au moment de sa création.

Mais cela rend aussi extrêmement difficile la résolution ultérieure des problèmes d'un groupe cible spécifique et la mise en œuvre d'une politique de prix claire et rigoureuse. Non seulement les clients potentiels sont plus susceptibles d'être perdus de cette façon, mais il y a aussi un risque que certains clients soient insatisfaits de l'achat parce qu'ils n'appartiennent pas au groupe cible. C'est pourquoi le marketing en ligne parle toujours de la pertinence du groupe cible (dans votre liste). Elle reflète sa qualité. Plus votre groupe cible est représenté exactement dans votre liste, plus la qualité de cette dernière est élevée. Comment garantissez-vous une pertinence élevée ?

- Posez-vous une nouvelle fois la question : qui est mon groupe cible ? (Sexe, âge, niveau d'éducation, centres d'intérêt, pouvoir d'achat, etc.)

- Là où vous faites de la publicité (blog, Facebook, YouTube, etc.), vous devez nommer les problèmes de votre groupe cible aussi précisément que possible avec votre contenu !

- Votre produit gratuit doit être exactement adapté au problème du groupe cible.

- Vous devez connaître les problèmes de votre groupe cible et les résoudre de manière pratique.

- Plus la pertinence de votre groupe cible est élevée, plus la probabilité d'achat est élevée et plus vos ventes sont élevées.

Augmenter la quantité de votre liste

Alors que vous améliorez constamment la qualité de votre groupe cible, vous pouvez commencer à collecter de plus en plus de courriels. Une liste de haute qualité est toujours meilleure qu'une liste gigantesque qui n'est pas ou peu intéressée par votre contenu et vos offres.

On retrouve ici le principe « le trafic (la quantité) suit la conversion (la qua-lité) ». Ainsi, avant de commencer à augmenter le nombre de destinataires des courriels, vous devez vous assurer de leur qualité. Sinon, la plupart de vos efforts échoueront parce que vous vous adresserez au mauvais groupe cible ou parce que vos lecteurs n'en feront pas partie et n'achèteront pas le produit ou seront insatisfaits du produit. Une fois que vous avez fait ceci, il y a plusieurs façons d'agrandir votre liste.

On peut faire la différence entre quatre sources de visiteurs : le trafic payant, le non rémunéré, le trafic chaud et le froid.

Les deux premières sources de visiteurs sont explicites - la première coûte de l'argent, la seconde ne coûte rien. Le trafic chaud, c'est quand un visiteur vous connaît déjà / votre site / vos produits, ou a déjà fait des recherches sur le problème. Il a donc manifesté un intérêt actif. La qua-lité du trafic visiteurs est très bonne, car elle réagit positivement à votre offre et vous obtenez un bonus de confiance. En marketing, obtenir plus de confiance est toujours synonyme de plus de ventes. Le trafic froid, ce sont les gens que vous « surprenez » avec votre offre parce qu'ils n'étaient pas préparés à cela. Arriver à transformer ces personnes en prospects et finale-ment en clients, c'est maîtriser à la perfection, l'art du marketing en ligne. Cependant, comme le sujet « construction de liste de diffusion » est vaste et pourrait faire l'objet d'un autre livre, vous devriez vous informer davan-tage.
Je vous recommande ce très bon article de blog sur la construction de listes : www.tonwebmarketing.fr/emailing/comment-et-pourquoi-creer-une-lis-te-de-diffusion.

Mais pour que vous puissiez vous mettre directement au travail sans trop de connaissances théoriques et élargir avec succès votre liste de pros-pects, je vous donnerai un petit guide pratique ci-dessous.

Vous pouvez générer du trafic non rémunéré, par exemple, via...
... un blog propre ou externe, auquel les visiteurs peuvent accéder via les requêtes des moteurs de recherche (généralement des problèmes)

(chaud)

... une chaîne YouTube propre ou externe, à laquelle les visiteurs peuvent accéder via des requêtes de recherche directe (généralement un problème) ou d'autres vidéos liées au sujet (chaud)

... votre propre page de fans Facebook, qui est comparable à une liste de courriels et qui vous permet d'accéder directement à votre groupe cible (followers) (généralement chaud). Posts dans les groupes Facebook via votre page Facebook ou votre profil Facebook personnel (chaud). Cela vous permet de vous adresser gratuitement à des groupes cibles très spécifiques avec un contenu intéressant et utile et même d'établir une interaction directe (intérêt actif ou fidélisation de la clientèle).

... les posts d'images sur votre compte Instagram peuvent théoriquement atteindre un groupe cible infiniment grand en choisissant les bons hashtags (#).

Vous pouvez générer du trafic payant, par ex. via...
... publicité Facebook sur mesure
... annonces Google sur mesure

☆ *Conseil d'expert*

Habituellement, la publicité d'un bon article de blog, par l'intermédiaire duquel vous recueillez ensuite l'adresse e-mail (via un pop-up), est nettement moins chère que la publicité directe de votre aimant à lead. C'est un secret encore inconnu aujourd'hui. Cependant, la condition de base pour cela est un très bon article qui touche le groupe cible, apporte une valeur ajoutée et se réfère bien sûr au produit que vous proposez gratuitement (aimant à lead). Mais j'ai aussi eu de très bonnes expériences avec la publicité directe des aimants à lead sur Facebook. Actuellement, un lead que je génère via Facebook me coûte environ 20 centimes (tout ce qui est inférieur à 1 € est bon).

Entonnoir professionnel et autorépondeur

Vous vous demandez alors probablement : « Oui, mais comment puis-je gagner (passivement) de l'argent avec ma liste de diffusion ? » La stratégie nécessaire pour parvenir à cette fin s'appelle « funneling ». Le « funneling » est devenu une partie intégrante du marketing en ligne moderne. Le mot « funnel » vient de l'anglais et signifie entonnoir. Il s'agit donc de construire un entonnoir numérique où l'on « verse » les gens au sommet et où l'on « récupère » les clients à la base. D'un point de vue commercial, vous avez conçu un entonnoir efficace si vous pouvez y injecter de l'argent (par exemple par le biais de la publicité payante sur les réseaux sociaux) et obtenir un peu plus d'argent à la fin de votre entonnoir. Vous pouvez alors théoriquement utiliser l'effet de levier de cette formule à l'infini et ainsi augmenter vos profits à l'infini.

La mise en place d'un entonnoir résulte de la mise en œuvre des éléments vus dans les chapitres précédents. Pour une meilleure compréhension, j'ai conçu une représentation graphique (voir page suivante). Voilà à quoi ressemble un bon entonnoir. Après avoir gagné un prospect (lead) et lui avoir envoyé le produit gratuit promis, ce dernier deviendra votre client. Puisque les gens deviennent de plus en plus prudents sur Internet, ce processus de vente ne devrait pas être ressenti par vos futurs clients. Les ventes ne devraient pas focaliser toute votre attention. Vous devriez plutôt faire tout ce que vous pouvez pour fournir à vos clients potentiels une valeur ajoutée maximale pour tenter de résoudre leur problème. Vous voulez qu'ils attendent la réception de tous vos courriels avec impatience et qu'ils sachent déjà à l'avance qu'ils ne perdront pas leur temps lorsqu'ils les ouvriront. Bien plus que cela, vos contenus devraient être si bons que vos lecteurs trépignent d'envie de recevoir le prochain courriel !

Cela permet d'établir (et d'étendre) une confiance précieuse avec vos lecteurs. Mon expérience m'a clairement montré que la confiance et l'identification se vendent mieux que les grandes promesses.

ENTONNOIR
PROFESSIONNEL

PROBLÈME

Trafic non-rémunéré

Pour commencer, le client potentiel effectue une rechercher active ou passive afin de trouver une solution à son problème.

SOLUTION

Article de blog, vidéo, article audio, podcast, etc.

Échange du magnet à lead de votre squeeze-page contre une adresse e-mail.

INSCRIPTION

Envoi du produit gratuit.

Inscription dans la liste de diffusion électronique → envoi d'un e-mail de confirmation (opt-in).

1ERS E-MAILS

Partagez autant de savoir que possible.

Proposez de la valeur ajoutée. Vous voulez résoudre le problème de vos prospects ! Il s'agit de gagner leurs confiance !

E-MAIL D'OFFRE

À partir du 5ème e-mail à forte valeur ajoutée, vous pouvez commencer à faire des offres sur vos produits et/ou services.

Orientez vos prospects sur votre boutique en ligne ou votre page de vente.

RÉPÉTITION

Mettez en place un e-mail auto-répondeur et répétez les deux dernières étapes à l'infini !

La confiance est nécessaire pour atteindre des taux de conversion élevés plus tard. Plus vos prospects (et clients) vous font confiance, plus ils sont susceptibles de (re)acheter vos produits ! Par conséquent, il est important que vous ne les ennuyiez pas avec des offres promotionnelles, mais gardiez un timing stratégique. Il s'est avéré fructueux d'établir d'abord le contact et la confiance avant de soumettre les premières offres. Ici, cependant, vous devez prendre du recul et d'abord recueillir vos propres expériences à ce sujet. Enfin, il est également vrai qu'un abonné est particulièrement chaud au début et qu'il est parfaitement naturel que l'intérêt diminue avec le temps. Par conséquent, grâce à la documentation et à l'analyse, j'ai fait mes propres expériences et optimisé ma stratégie.

Aujourd'hui, quelques années plus tard, notre stratégie est unique. Nous attachons plus d'importance à rendre nos abonnés heureux et satisfaits que de générer des ventes. Les ventes suivent automatiquement et par elles-mêmes. C'est pourquoi nous mettons l'accent sur des contenus de valeur, avec une référence neutre à nos produits dans le pied de page de chaque e-mail. Ainsi, l'abonné a la possibilité d'acheter nos produits mais n'y est pas contraint. Nous avons donc créé un répondeur automatique de courriel qui est structuré de manière à ce que le lecteur finît (naturellement) par acheter notre produit.

Mais vous pouvez également construire le contenu de manière stratégique afin de viser le taux d'achat le plus élevé possible. Dans l'e-mail d'offre, vous pouvez par exemple indiquer à vos lecteurs qu'ils peuvent obtenir des informations ou des avantages plus approfondis et complémentaires grâce à votre produit ou service. La redirection s'effectue via un lien vers une boutique ou une page de vente optimisée pour votre produit. Ce processus doit être optimisé à chaque étape. Rappelez-vous : si vous réussissez à augmenter la conversion à certaines étapes de seulement 1 %, vous démultiplierez vos ventes !

Même si vous obtenez vos premières ventes, vous ne devez pas mettre fin à votre répondeur automatique.

Bien au contraire. Les clients, quel que soit le prix, sont 35 fois plus susceptibles d'acheter à nouveau au même endroit ! Augmenter la Customer-Li-
fetime-Value (durée de vie du client) devrait donc être un objectif de votre
activité en ligne. Les "astuces" sont la satisfaction et la fidélité de la clientèle. Elles sont non seulement plus simples, mais aussi beaucoup moins
chers que l'acquisition de nouveaux clients. Par conséquent, vous devriez
traiter vos clients particulièrement bien. Après tout, même une clientèle
relativement petite peut vous procurer un revenu mensuel passif décent.

Vous avez maintenant appris les facettes les plus importantes du marketing par courriel et vous devriez être en mesure d'établir une liste de
courriels et de gagner de l'argent en un seul clic. L'affiliate-marketing (en
français marketing d'affiliation) est un moyen facile de transformer votre
liste en argent comptant.

Revenu passif instantané avec l'affiliate-marketing

« La plus grande décision de votre vie est que vous pouvez changer votre vie en changeant votre état d'esprit. »

ALBERT SCHWEITZER

L'affiliate marketing est à mon avis le moyen le plus facile et le plus rapide de gagner de l'argent sur Internet. En tant que affiliate-partner (en français : partenaire affilié), vous faites de la publicité pour des produits ou services de tiers. Contrairement à votre propre produit ou service, qui prend habituellement un certain temps de développement, vous pouvez gagner vos premiers euros en quelques heures.

En tant que distributeur d'une plateforme ou d'un vendeur spécifique, vous recevez des commissions.

Celles-ci dépendent du type de programme d'affiliation. Dans le commerce en ligne, ce processus de vente se fait par le biais d'un lien personnalisé. Celui-ci contient un code spécial qui identifie le partenaire respectif. De nombreux fournisseurs de produits vous facilitent la vie en vous donnant du matériel publicitaire prêt à l'emploi. Grâce à un code, le commerçant peut savoir par l'intermédiaire de quel affiliate-partner le client arrive sur son site Internet et peut ainsi attribuer les ventes en conséquence. La durée de ce « link-cookie » varie d'un fournisseur à l'autre et peut être comprise entre 24 heures et 365 jours. Ceci apporte, en plus de l'expiration du cookie, une autre chose importante.

Seul le cookie du dernier partenaire affilié est valide. Si quelqu'un place quelque chose dans le panier d'Amazon via votre lien, par exemple, mais ajoute ensuite d'autres produits via un lien d'un autre partenaire d'affiliation, votre cookie expire, et la commission de la vente n'est créditée qu'au dernier partenaire d'affiliation (ceci s'applique également vice versa).

Ainsi, plus la durée de vie d'un cookie d'affiliation est longue, plus il est probable que vous ayez à partager votre commission avec quelqu'un d'autre.

Il existe toute une série de modèles de commissions pour le paiement de votre espace publicitaire. Je vous présente les trois plus courants.

Pay-per-Click (paiement au clic)

Comme son nom l'indique, vous percevez de l'argent à chaque clic. En règle générale, le clic se fait sur des supports publicitaires tels que des bannières ou des textes publicitaires. Dans ce cas, l'agence de publicité ne paie que lorsqu'un clic est effectivement effectué. En revanche, il y a ce que l'on appelle le « Pay-per-Ad Impression », qui vous récompense à partir du moment où vous avez inséré l'annonce. Cependant, les annonces Pay-per-Click ou Pay-per-Ad Impression ne deviennent vraiment lucratives que lorsque votre blog atteint une certaine audience, puisque la rémunération par annonce ou par clic est de l'ordre du centime d'euro.

Pay-per-lead (paiement au lead)

Grâce au chapitre précédent sur la construction de listes et sur la technique de l'entonnoir, vous connaissez déjà très bien le terme « lead » (= prospect). Cette forme de publicité a pour but de générer des leads pour vos partenaires. Il s'agit généralement de leur transmettre les coordonnées du client aux agences de publicité. C'est là que le terme de conversion revient en jeu. Ce ne sont pas les clics qui comptent ici. Au contraire, c'est le taux de conversion des prospects qui est important. Selon le produit annoncé, un lead peut rapidement valoir de 70 à 100 €.

Pay-per-Sale (paiement à la vente)

Enfin, j'aimerais parler du modèle de Pay-per-Sale. Comme dans le cas de l'entonnoir, la vente est la dernière étape du processus. En ce qui me concerne, j'utilise les deux derniers modèles de rémunération. Après tout, les partenaires de distribution offrant un modèle de Pay-per-Sale sont extrêmement forts et atteignent des taux de conversion élevés. Avec notre programme d'affiliation Amazon, que nous alimentons en particulier par le biais de notre blog, nous créons un taux de conversion supérieur à 5 %. L'avantage de ce modèle est que la commission n'est pas seulement basée sur les ventes du produit annoncées, mais elle inclut également toutes les ventes ultérieures du même processus de commande. Par exemple, nous recommandons sur notre blog un livre intéressant. Si une personne clique dessus, notre numéro d'identification est enregistré par Amazon. À partir de là, peu importe ce que le client achète sur Amazon (dans un laps de temps de 24h). Tant qu'il ne clique pas sur un lien d'affiliation d'un autre partenaire entre-temps, nous recevrons entre 5 et 7 % de commission de vente. Si la personne se souvient au même moment qu'elle voulait acheter un nouveau téléviseur HD et l'ajoute dans son panier d'achat, alors je gagnerai encore 40 à 50 € rapidement, passivement et automatiquement.

Comment puis-je faire de la publicité en tant qu'affilié ?

À la fin de ce chapitre, je vous montrerai un certain nombre de plate-formes différentes grâce auxquelles vous pourrez gagner vos premières commissions. Comme vous l'avez déjà remarqué, le marketing d'affiliation demande aussi du temps et du travail - surtout au début ! C'est pourquoi je vous recommande d'utiliser un outil publicitaire que vous n'avez à mettre en place qu'une seule fois ou qui demande une quantité de travail limitée dans le temps. Commencez dès aujourd'hui avec les 4 stratégies suivantes !

1 - Le marketing d'affiliation avec votre blog ou votre site Web

Les liens d'affiliation sont les bienvenus (tant qu'ils correspondent au contenu) surtout sur votre propre site Web. Ils peuvent être affichés sous forme de « lien de texte » ou de bannière.

Avec les bannières publicitaires (par ex. Google Ads) que vous placez sur votre site Web, vous obtenez souvent un taux de conversion relativement élevé. Les annonces Google (ou Facebook) peuvent être adaptées à des groupes cibles très spécifiques. En fonction des intérêts des visiteurs, des bannières publicitaires complètement différentes de fournisseurs de produits complètement différents seront affichées sur un seul et même site Web.

2 - Le marketing d'affiliation à travers une newsletter

Grâce à votre liste de diffusion, vous pouvez toucher des personnes d'un groupe cible qui ont des caractéristiques et des intérêts très spécifiques. Mieux votre groupe cible est défini, par ex. par le biais de votre aimant à lead, plus ses limites sont nettes et plus vous connaissez ses centres d'intérêt. Vous pouvez alors l'atteindre directement avec des courriels spécialement conçus à son intention. Vous pouvez alors placer autant de publicité d'affiliation que vous le souhaitez. Observez bien les nombreux courriels que vous recevez tous les jours. Je suis sûr qu'ils correspondent à la plupart de vos intérêts et que vous seriez tenté d'acheter de temps en temps un produit auquel vous n'auriez même pas pensé.

3 - Le marketing d'affiliation via les réseaux sociaux

À mon avis, la publicité d'affiliation via les réseaux sociaux est le moyen le plus rapide de gagner de l'argent en ligne et relativement passivement. Vous avez probablement un profil Facebook, une page de fans ou même votre propre groupe. Si ce n'est pas le cas, ils peuvent être mis en place en quelques minutes. Maintenant, vous pouvez publier des offres dans d'autres groupes qui correspondent à votre groupe cible ou simplement faire de la publicité via votre propre site de fans ou même votre propre profil. Cela fonctionne d'autant mieux une fois que vous avez rassemblé des fans et des likes.

Si avec le temps vous parvenez à calculer de façon empirique vos propres valeurs, dont la valeur monétaire représente un lead pour vous (calcul de la valeur du capital client), vous pourrez ensuite commencer à placer de la publicité payante sur les réseaux sociaux (Facebook, Instagram, etc.) qui sera adaptée à un groupe cible spécifique. Soit c'est vous qui faites la publicité de vos produits directement, soit, et c'est ma recommandation pour un effet à long terme, vous développez votre aimant à lead pour générer plus d'e-mails lead et assurer une publicité efficace au long cours. Pour ces leads, vous construisez un autorépondeur qui contient des liens d'affiliation. Cela maximise la valeur du capital client et crée, au fur et à mesure, un groupe cible spécifique de plus en plus large. Facebook offre également l'avantage que vous pouvez préparer vos messages publicitaires à l'avance. Il peut donc suffire de s'accorder une journée, une fois par mois, et de préparer des messages pour le mois à venir. En fonction de la taille de votre groupe de fans, cela peut vous permettre de gagner assez d'argent pour atteindre la liberté financière !

4 - Affiliate Marketing via YouTube

L'affiliate marketing par le biais de vidéos YouTube peut être un autre pilier. En effet, YouTube est devenu le deuxième plus grand moteur de recherche au monde ! Des millions d'utilisateurs visitent la plateforme tous les jours. Ils y cherchent des solutions à leurs problèmes ou des divertissements. Si vous réussissez à offrir une valeur ajoutée à votre groupe cible avec un clip vidéo, alors vous pouvez être sûr que l'algorithme de YouTube saura le détecter. Ici aussi, c'est le ranking qui est décisif. Une fois que vous avez suffisamment d'audience, vous pouvez commencer à mentionner des liens (d'affiliation) dans la description de la vidéo. N'oubliez pas que vous voulez avant tout proposer de la valeur ajoutée à vos téléspectateurs (et bien sûr à vos lecteurs) - et plus que quiconque dans votre niche. Cela fait de vous non seulement une figure d'autorité, mais augmente également vos taux de conversion. Votre compte bancaire se remplira alors presque automatiquement ! De plus, dès que vos vidéos atteignent une certaine audience, vous gagnez des revenus publicitaires supplémentaires. Cela pourrait également être considéré comme un pay-per Ad Impression.

Ceux-ci sont encore relativement faibles à l'heure actuelle, mais avec l'augmentation de l'audience et des parts de marché de YouTube, ils seront certainement plus conséquents à l'avenir.

Programmes d'affiliation recommandés

Vous êtes désormais un vrai professionnel du marketing en ligne ! Il m'a fallu des années et des milliers d'euros pour apprendre tout ce que je viens de vous expliquer précédemment. Alors n'hésitez pas à mettre en œuvre ce modèle, parce qu'il fonctionne ! Dans la dernière étape, je vais vous présenter quelques programmes d'affiliation particulièrement réussis et faciles à utiliser. Il existe des centaines de plateformes et beaucoup de fournisseurs douteux et qui manquent de sérieux. C'est pourquoi je ne vous présente que les plateformes que je connais et que j'utilise. Les programmes d'affiliation pour les jeux d'argent en ligne ou les plateformes de trading à haut risque sont tabous pour moi (bien qu'ils promettent des commissions particulièrement élevées...).

- Google AdSense (Pay-per Click ou Pay-per Ad Impression)
- Affili.net (Pay-per Lead/Sale)
- FinanceAds (Pay-per Lead/Sale)
- digistore24 (Pay-per Sale)
- partenaires.amazon.fr (Pay-per Sale et facile d'utilisation !)

D'autres modèles pour construire un revenu passif en ligne

« Un long chemin commence par le premier pas. »
LAOTSE

Un blog, une liste d'adresses e-mail et une campagne de marketing d'affiliation sont à mon avis les conditions préalables les plus importantes pour construire un revenu passif dans le secteur en ligne. Pour moi, ils sont la base de la diffusion de produits et de services, quel qu'en soit le type. À cet égard, je leur ai consacré la part du lion de ce livre. Une fois que vous comprenez comment cela fonctionne, vous pouvez construire d'autres piliers et les monétiser. Considérez qu'un blog, une liste d'adresses e-mail et une présence sur les réseaux sociaux, c'est l'infrastructure nécessaire - et souvent sous-estimée - pour réussir dans le secteur en ligne et générer des revenus passifs à long terme.

Mais il existe aussi toute une série d'autres sources de revenus passifs en ligne. Cependant, une présentation détaillée de chacune d'elles dépasserait le cadre de ce livre. C'est pourquoi je ne vous montrerai que les canaux de revenus passifs les plus prometteurs dans ce qui suit. S'ils suscitent votre intérêt, je vous demande de faire d'autres recherches vous-même. Vous verrez que, grâce aux bases enseignées dans ce livre, cela ne sera pas plus difficile. Les sous-chapitres sont donc conçus pour une mise en œuvre rapide, simple et pratique. Voyons alors ce qu'il y a d'autre.

Des revenus passifs avec des vidéos

Comme je l'ai déjà mentionné, YouTube est devenu le deuxième plus grand moteur de recherche au monde. Les « plateformes à la demande » sont en forte progression et offrent encore beaucoup d'espace et d'opportunités pour construire un revenu passif. Cela s'explique par le fait que les utilisateurs veulent de plus en plus pouvoir décider par eux-mêmes des vidéos qu'ils regardent.

👆 Le contenu est important

→ Offrir une valeur ajoutée aux téléspectateurs. Sur les plateformes de vidéos, il s'agit soit de contenus offrant une solution à un problème spécifique d'un groupe cible, soit de pur divertissement.

→ Essayez de créer un contenu viral (= qui se répand très rapidement). Votre vidéo se répand alors sans que vous n'ayez rien à faire !

→ Communiquez une identité d'entreprise claire (vous êtes l'identité d'entreprise). Plus vous êtes authentique, plus le public s'identifiera à vous !

→ Indiquez à ceux qui consultent la vidéo de lire la description s'il y a des liens vers vos offres et demandez-leur de s'abonner à votre chaîne !

→ Restez à l'écoute et publiez régulièrement de nouvelles vidéos.

🪙 Possibilités de gain

→ Sur YouTube, vous recevez environ 1 € de recettes publicitaires pour 1 000 visionnages vidéo.

→ Avec Vimeo, en revanche, c'est vous qui demandez l'admission et vous conservez 90 % de vos revenus.

→ Faites référence à : des produits d'affiliation, des produits ou services propres ou un partenariat avec de grandes entreprises !

Des revenus passifs avec ses propres produits (numériques)

Les produits (numériques) en propre peuvent être transformés en un revenu passif régulier grâce à un bon marketing en ligne. Il est particulièrement intéressant de savoir que vous n'avez pratiquement pas de frais d'investissement et que vous n'êtes exposé qu'à un faible risque entrepreneurial. Les produits d'information ciblent généralement des problèmes très spécifiques à l'intérieur d'une niche. Plus les connaissances sont particulières et/ou plus le problème d'un groupe cible est important, plus les acheteurs sont susceptibles de payer des prix élevés pour le produit. Les produits qui promettent de soulager une douleur sévère (problème) pour leurs clients sont particulièrement lucratifs. Vous pouvez aussi facilement identifier ces niches vous-même en utilisant la pyramide des besoins d'Abraham Maslow (chapitre 6.5.2). Les meilleurs sujets commercialement utilisables pour des produits d'information se trouvent dans ces niches. Voici des idées de formes de produits d'information numériques :

- E-book
- Livre audio
- Série de vidéos
- Formation en ligne
- Système d'abonnement mensuel

🖐 Le contenu est important

→ Offrir une valeur ajoutée aux téléspectateurs. Sur les plateformes de vidéos, il s'agit soit de contenus offrant une solution à un problème spécifique d'un groupe cible, soit de pur divertissement.

→ Essayez de créer un contenu viral (= qui se répand très rapidement). Votre vidéo se répand alors sans que vous n'ayez rien à faire !

→ Communiquez une identité d'entreprise claire (vous êtes l'identité d'entreprise). Plus vous êtes authentique, plus le public s'identifiera à vous !

→ Indiquez à ceux qui consultent la vidéo de lire la description s'il y a des liens vers vos offres et demandez-leur de s'abonner à votre chaîne !

→ Restez à l'écoute et publiez régulièrement de nouvelles vidéos.

Possibilités de gain

→ Les partenaires commerciaux (Amazon, etc.) sont très utiles, surtout au début. Ils vous permettent de vous positionner directement sur le Point-of-Sale (point de vente) et de générer des ventes avec votre produit dès le premier jour de publication.

→ Plus tard, vous pouvez également utiliser un système de boutique pour payer moins de commissions au partenaire de vente et ainsi augmenter vos marges (digistore24, etc.).

→ Les cours et congrès en ligne sont actuellement particulièrement lucratifs (jusqu'à 999€ et plus !) et peuvent être créés à très bas prix.

→ Votre revenu passif est théoriquement extensible à l'infini grâce à la publicité payante.

→ Entonnoir : Trafic (payant et/ou non payant) → Squeeze Page → marketing par e-mail → page de vente → marketing par e-mail → page de vente → vente, etc.

Des revenus passifs grâce au dropshipping

Pour ce modèle d'affaires, vous avez besoin de vos propres produits physiques ou de produits physiques tiers que vous revendez. Cependant, vous devrez tenir compte des coûts. Tout d'abord, vous avez besoin de suffisamment d'espace de stockage et d'un magasin. Ensuite, vous devez assurer à la fois la logistique et l'expédition. Mais ce n'est pas tout. Vous devez également vous occuper des retours et des réclamations. Toutes ces étapes prennent beaucoup de temps. C'est exactement pourquoi il y a des professionnels du dropshipping comme Amazon FBA. Le FBA signifie « Fulfillment by Amazon » et signifie « traitement (logistique et expédition) par Amazon ». Néanmoins, cela nécessite un engagement entrepreneurial et une fibre dans la gestion d'entreprise. Ce business model fait de vous un intermédiaire.

Le contenu est important

→ Vous pouvez, par exemple, acheter à bas prix chez les plus grands détaillants (Alibaba, etc.). Les grossistes envoient également les marchandises directement à Amazon. Ensuite, vous les vendez sur la plateforme Amazon à des prix plus élevés et générez des profits.

→ Vous pouvez également faire expédier les marchandises directement du grossiste chez le client et n'être donc qu'un simple intermédiaire.

→ En faisant concevoir les produits individuellement par le détaillant et étiqueter avec votre propre marque (« Private Labeling »), vous créez un élément différenciateur important (USP) par rapport à vos concurrents.

→ Il y a beaucoup de moutons noirs parmi les commerçants. Si vous êtes intéressé par cette forme de revenu, veillez à vous renseigner plus précisément sur le sujet et à prendre contact avec vos futurs détaillants (→ vérifiez leur sérieux, par exemple via Skype).

→ Toujours commander un échantillon avant de commander de grandes quantités et vérifier la qualité et les éventuelles erreurs de production.

→ Portez une attention particulière aux paramètres suivants : délais de livraison, frais de production et d'expédition.

→ Vous devez créer une entreprise pour cela. Cela comprend, entre autres, l'enregistrement de l'entreprise auprès des services de l'Etat et des impôts, l'adhésion à la CCI ainsi que l'enregistrement auprès d'une association de professionnels (facultatif).

Possibilités de gain

→ Les services d'Amazon FBA coûtent en frais de stockage et d'expédition.

→ Le ranking interne d'Amazon des meilleures ventes permet de déterminer si vos produits se vendent bien. Par conséquent, faites attention à la qualité et au choix des catégories.

→ Vous pouvez faire évoluer ce business model à l'infini.

→ Vous pouvez ensuite externaliser d'autres services (commandes et développement de produits, marketing, etc.) et les utiliser successivement pour rendre votre entreprise passive.

→ Le produit idéal ressemble à ceci : haute qualité ; prix de vente entre 15 et 45 € ; marge d'au moins 10 € ; pas d'électronique ; peu et pas de pièces fragiles ; poids inférieur à 1,5 kg ; tient dans une boîte à chaussures (= frais d'expédition bas) ; peu ou pas de variantes (couleurs / tailles / volumes / etc.) ; non saisonnier.

→ Idéalement, votre produit a le potentiel pour devenir votre propre marque !

Amazon FBA, est un excellent moyen pour démarrer une activité en indépendant, à côté du travail. Le temps nécessaire est limité et vous pouvez tester le potentiel avec des coûts d'investissement relativement faibles.

Il existe bien sûr plusieurs autres façons de gagner un revenu passif en ligne. Dans ce livre, cependant, j'ai décidé d'exposer les bases du marketing en ligne en détail. Une fois que vous les aurez comprises, vous serez en mesure de mener à bien n'importe quel business model du secteur du numérique. Dans le commerce en ligne, ce sont les principes qui sont le plus importants. Une fois que vous les aurez intériorisés (trafic et conversion, création de listes et marketing par e-mail, marketing sur les réseaux sociaux, marketing d'affiliation, funneling, externalisation, compréhension et résolution des problèmes des groupes cibles, assurer une grande pertinence des groupes cibles), vous pourrez construire simultanément plusieurs flux de revenus passifs en ligne. L'un et l'autre se cumulent et vous obtenez des effets de synergie extrêmement importants !

Revenus passifs hors ligne - investir correctement

*« L'argent, c'est comme l'engrais, cela ne vaut rien
tant que vous ne l'épandez pas. »*
Francis Bacon

Je me suis souvent demandé pourquoi nous grandissons avec un état d'esprit aussi négatif à l'égard de l'argent. Aujourd'hui, j'ai trouvé la réponse moi-même. C'est la combinaison d'un manque d'information, d'habitudes de pensées négatives et d'un manque d'argent. De plus, l'argent reste un sujet tabou - surtout en France. « On ne parle pas d'argent », disent-ils. Si vous n'en parlez pas, comment voulez-vous le comprendre ? À aucun moment de la vie, il n'y a d'éducation financière que ce soit à l'école, au collège, au lycée ou à l'université, lors de la vie professionnelle et à l'âge de la retraite. Ou alors, c'est déjà trop tard.

Je suis convaincu que la plupart des gens dans ce pays pensent encore qu'il est risqué d'investir de l'argent pour bâtir leur richesse. C'est vrai que votre argent est beaucoup plus en sécurité sous votre oreiller ou sur votre compte d'épargne ! À cet égard, la France est l'un des pays les plus conservateurs du monde. Cela est principalement dû à notre structure de base bâtie sur une économie sociale de marché. Elle est principalement financée par des capitaux empruntés (prêts bancaires) et non par le marché boursier (fonds propres). Cependant, aujourd'hui ce n'est plus un secret qu'il est beaucoup plus risqué de ne pas investir votre épargne. Mais le problème est que nous nous trouvons toujours des excuses pour continuer à ne rien faire.

J'ai entendu cela cent fois : « Je sais qu'il est logique d'investir de l'argent, mais c'est tout simplement trop compliqué, trop pénible et je n'ai pas le temps de m'en occuper de toute façon ! »

J'ai écrit ce livre pour changer les habitudes des gens, pour qu'ils ouvrent les yeux. Nous sommes confrontés à des changements révolutionnaires dans le monde entier. Socialement, religieusement, écologiquement et financièrement. De nombreuses tendances non seulement se poursuivent, mais deviennent de plus en plus fortes. En conséquence, 1% de la population mondiale possède plus de 99% de la richesse !

Et non, cela n'a rien à voir avec le cliché selon lequel les riches deviennent de plus en plus riches parce qu'ils sont des gangsters immoraux au sang-froid. Au contraire, le système construit par nous, les humains, est lui-même le déclencheur. Les gens riches doivent devenir de plus en plus riches dans notre système économique et monétaire. Ceci est dû au simple fait que le capital (l'argent) est supérieur à tous les autres biens et services. C'est le seul bien qui peut être échangé contre tous les autres et qui permet générer plus à partir de lui-même.

Investir n'est donc pas seulement pour les riches. Bien au contraire.

Ce malentendu conduit au fait que ce sont presque exclusivement les riches qui investissent. J'ai moi-même pendant longtemps partagé cette vision des choses. Je pensais que cela ne servait à rien d'investir tant que je n'avais pas accumulé plusieurs milliers, voire plusieurs dizaines de milliers d'euros. Mais quand est-ce que cela sera-t-il le cas ? Probablement dans de nombreuses années. Qu'est-ce que cette façon de penser m'a apporté ?

Absolument rien - et je le regrette encore aujourd'hui ! C'était juste une excuse pour moi de ne jamais commencer. Investir n'est donc pas seulement pour les riches. Bien au contraire. C'est quelque chose que chaque personne peut faire à partir du moment où elle souhaite augmenter ses revenus - sans avoir à faire beaucoup d'efforts.

Vous pouvez, dès aujourd'hui, jeter par-dessus bord la croyance selon laquelle seuls les riches ont le droit d'investir. Tout le monde peut investir et tout le monde mérite de participer à la création générale de valeur par le biais des marchés financiers. De mon point de vue, même ceux qui ont moins de revenus ! Espérons que cela vous poussera à percevoir le monde de la finance sous un autre angle et que cela contribuera à une distribution égale de la richesse.

Les riches n'investissent pas parce qu'ils sont riches, mais ils sont riches parce qu'ils investissent !

Ce qu'il y a de merveilleux avec la numérisation, c'est qu'aujourd'hui, nous n'avons plus besoin d'un gestionnaire ou d'un banquier pour investir en Bourse. N'importe qui peut investir, sans passer par des intermédiaires et sans avoir un compte en banque bien fourni. C'est une grande chance, alors profitez-en !

Si vous n'investissez pas, vous allez vous appauvrir !

Le titre du chapitre peut sembler provocateur à première vue. Lorsque vous aurez compris la puissance de l'inflation, vous prendrez votre courage à deux mains et passerez à l'action. Parce que tant que vous n'investissez pas, vous perdez de l'argent !

Pourquoi ?

L'inflation est souvent appelée à tort augmentation des prix. Ce n'est que l'effet indirect. Le sens originel de l'inflation vient du latin « inflare » qui signifie gonfler. L'inflation représente le « gonflement » ou l'élargissement constant de la masse monétaire contrôlée par les banques centrales. À quoi cela mène-t-il ? La conséquence d'une masse monétaire en constante augmentation est une hausse permanente des prix et donc une perte de pouvoir d'achat pour la population. Cela signifie que tant que votre argent n'est pas investi et ne produit pas d'intérêts, vous perdez du pouvoir d'achat !

Imaginez qu'en l'espace de seulement cinq ans, 10 000 € ne vaudraient plus que 8 810 €. Vous auriez donc perdu un peu moins de 1 200 €. Très certainement vous crieriez : « Quelle folie, des voleurs m'ont dérobé mon argent ! » En réalité, cependant, votre capital a diminué de 2,5 % à cause de l'inflation et non à cause des voleurs. Si nous fixions un taux d'inflation de 3 %, il ne vous resterait que 6 454 € au bout de 20 ans ! Si vous aviez mis 10 000 € sur votre compte courant en 1997, il ne vous resterait, en 2017, plus que 35 % de leur valeur !

Deux facteurs sont déterminants à cet égard :

- Le taux d'inflation et
- le nombre d'années.

Mais ne vous inquiétez pas. Dans les chapitres suivants, je vous montrerai comment, non seulement, équilibrer cet effet, mais aussi comment le renverser. Commençons par renforcer vos muscles (votre argent). S'il n'est pas déplacé et entraîné, il s'affaiblit. Mais si vous le renforcez, il deviendra de plus en plus fort de jour en jour !

Si l'on regarde les statistiques, en 2017, seulement 1 personne sur 20 a investi en France dans des titres tels que des actions, des fonds d'actions et des fonds indiciels d'actions. Avant la crise financière de 2008, c'était 1 sur 10 ! À titre de comparaison : aux Etats-Unis, plus de la moitié de la population investit dans des titres. Cela s'explique en partie par les différentes formes de financement des entreprises entre les capitaux propres et les dettes. Cela fait de la France l'un des pays les plus conservateurs du monde. Dans le jargon technique, on parle d'aversion pour le risque. Cela signifie que nous essayons d'éviter les risques plutôt que de réaliser des profits. Bien entendu, les crises financières telles que celles de 2000 et 2008 y ont également contribué. Néanmoins, une fois pour toutes, nous devrions emprunter une nouvelle voie. À une époque où même des taux d'intérêt négatifs sont imposés sur les comptes courants, nous ne devrions plus verser notre argent durement gagné sur un mauvais compte d'épargne. Après tout, l'investissement, surtout s'il est basé sur une orientation à long terme, n'est associé qu'à des risques très faibles. Vous ne perdez de l'argent que si vous ne comprenez pas ce qu'est l'investissement. Même avec un revenu passif : restez réaliste et fixez-vous des objectifs à long terme !

Les gens intelligents profitent du marché financier. Ils ne prennent pas de risques excessifs et sont patients. Le plus grand risque est que votre argent perde de la valeur à court terme. Mais à long terme, vous gagnez toujours sur le marché financier ! Pourquoi ? Parce que l'économie mondiale doit toujours croître pour éviter l'effondrement du système. L'enseignement le plus important pour générer des revenus passifs par le biais d'investissements est donc : ne dépendez pas de l'argent !

Investir n'est pas facile, mais simple !

C'est l'adage de Warren Buffet, le gourou de l'investissement. Bien sûr, vous pouvez rendre la chose aussi compliquée que vous le souhaitez. Plus vous y investissez de temps, plus vous réussirez. C'est comme ça la vie. Toutefois, cela ne doit pas toujours s'appliquer. En effet, beaucoup de travail signifie un rendement faible (à cause des coûts de transaction, etc.), et implique que la part de votre revenu passif diminue (au profit de la part de votre revenu actif). Vous ne devez donc pas ignorer le facteur temps, en particulier si vous souhaitez obtenir la liberté financière.

Qu'elle est la plus grosse erreur des débutants ?

Il n'y a guère de petits investisseurs ou d'investisseurs individuels qui parviennent à obtenir de meilleurs rendements que la moyenne du marché. La plupart des investisseurs réagissent trop fréquemment aux fluctuations des prix. Ils vendent souvent lorsque les prix baissent et achètent lorsque les prix augmentent. Avec cette stratégie, cependant, vous êtes assuré de perdre de l'argent, beaucoup d'argent ! Se détacher de la fluctuation des prix et considérer l'échéance long terme des investissements est le premier et le meilleur conseil que Warren Buffet donne à chaque investisseur. Plus facile à dire qu'à faire ! L'argent est un thème qui déchaîne les passions. Lorsque l'effondrement d'un marché se produit, toute logique est souvent ignorée et beaucoup d'investisseurs « réagissent » à la hâte. Cependant, il est très probable que cela mène à un résultat contre-productif - et à de grosses pertes ! La meilleure façon de retirer la passion des investissements est de maintenir une certaine distance par rapport à eux.

C'est pourquoi vous ne devriez jamais dépendre de l'argent que vous investissez sur les marchés financiers et monétaires ! Vous n'avez même pas à vous soucier de l'argent que vous investissez ! L'investir pour construire une maison plus tard n'est pas un bon plan !

Pourquoi l'investissement en capital est-il la bonne solution pour vous ?

Aujourd'hui, grâce à la numérisation, vous pouvez automatiser de nombreux processus. Cela permet de maintenir votre investissement en temps dans des limites et votre salaire passif horaire relatif augmente. Tout ce que vous avez à faire est d'ouvrir un dépôt, d'investir mensuellement et d'attendre tranquillement que votre compte bancaire se remplisse. Plus vous automatisez, plus vous réduisez la part émotionnelle chargée négativement. Le pire moment pour vendre des titres, c'est quand ils chutent ou, pire encore, quand ils ont déjà chuté !

Pensez à la façon dont vous vous comportez au supermarché. Dès qu'une réduction est mise en avant, par ex. 50 % sur le pain, il y a plus de chances pour que vous achetiez le produit - même si vous n'en aviez pas besoin du tout ! La bourse fonctionne de manière très similaire. Lorsque les titres chutent, ils sont vendus à un prix très bas. Vous avez donc la possibilité d'en acheter de très intéressants pour une bouchée de pain. Après tout, chaque vallée est suivie d'une colline - tout comme la vie elle-même.

Comme pour le revenu passif en ligne, il suffit de comprendre quelques concepts de base. C'est à ce moment-là que vous vous en voudrez de ne pas avoir commencé plus tôt. La règle la plus importante est d'être patient et de garder une distance émotionnelle. Certains ou la totalité de vos placements perdront de la valeur de temps en temps avant qu'un rebond se produise. Vous feriez donc mieux de vous y habituer le plus tôt possible. Vous aurez déjà fait la moitié du chemin. Suivez ce chemin et rendez-le aussi facile que possible. Vous serez étonné du résultat !

Le départ parfait

« L'argent est un bon serviteur, mais un mauvais maître. »
HENRY GEORGE BOHN

On nous répète constamment combien il est important de consommer ici et maintenant. Nous glorifions même les gens qui ont la chance de (pouvoir) dépenser beaucoup d'argent. La consommation serait-elle devenue notre nouvelle religion ? Nous agissons comme des célébrités lorsqu'il s'agit de notre consommation. Cependant, nous les imitons rarement en termes de revenu (passif). J'attribue une grande partie de cette situation à un marketing rusé, souvent même peu recommandable. La recherche sur le cerveau a permis de découvrir certains des plus grands secrets de notre pensée au cours des dernières années. Ces connaissances sont d'une valeur inestimable pour les entreprises et les services marketing et sont plus que jamais utilisées pour influencer subtilement et inconsciemment nos décisions (d'achat).

C'est pourquoi nous préférons dépenser notre argent aujourd'hui au lieu de le considérer comme notre arbre à argent, de le planter, de l'entretenir de temps en temps puis de récolter d'énormes quantités de fruits dans quelques années. Le premier et le plus important facteur que nous devons examiner est le fait de prendre l'habitude de savoir comment et dans quoi vous dépensez votre argent. Tant que vous n'êtes pas disposé à épargner une partie de votre revenu mensuel ou à investir dans des flux de revenus passifs futurs, vous continuerez à vous éloigner de la liberté financière. Un conseil simplissime : économisez et investissez !

Épargnez x % de votre revenu et commencez à investir !

Vous pensiez avoir une révélation en lisant ce livre ? Découvrir la recette miracle qui vous rendra riche du jour au lendemain ? Malheureusement, je dois vous décevoir.

Si quelqu'un vous promet quelque chose comme ça, c'est un mirage ou une arnaque. La solution, c'est vous-même et votre patience. Vous trouverez en revanche dans ce livre les bonnes habitudes que j'ai acquises et qui influencent ma vie chaque jour. Il y a, par exemple, l'habitude que j'ai d'épargner chaque mois. Cette routine, automatisable à merveille, est d'épargner au moins 15, voire plus de 20 % de votre revenu net mensuel.

Pourquoi 20 % ?

20 % n'est pas un chiffre aléatoire, mais un taux d'épargne basé sur la théorie financière. Wade D. Pfau est professeur au American College et expert en rentes et planification financière. Pr Pfau a fait une découverte très intéressante.

En moyenne, une personne devrait épargner 16,62 % de son salaire pour pouvoir partir à la retraite 30 ans plus tard. Ces personnes auraient alors accumulé suffisamment d'argent grâce à leur épargne pour pouvoir se verser une pension mensuelle correspondant à 50 % de leur revenu net. Tout cela sans compter la pension légale ou d'entreprise ! Cependant, parce que vous souhaiteriez être libres financièrement avant cette période de 30 ans, j'ai arrondi le taux d'épargne à 20 %. Chaque pourcentage supplémentaire, vous rapproche toujours un peu plus de l'indépendance financière. Plus vous commencez tôt, plus l'effet est important. Cet état de fait a été ma motivation principale !

Je vais à présent vous donner un exemple afin que vous puissiez mieux comprendre la relation entre l'inflation, le revenu, le taux d'épargne, l'effet des intérêts composés et la liberté financière. Supposons pour cela que les dépenses resteront toujours constantes, que l'argent sera investi avec un rendement constant de 5 % (après inflation et impôts) et que jamais plus de 4 % de la valeur du capital épargné ne sera prélevé à partir de la période de retraite. Vous n'avez jusqu'à présent pas encore mis d'argent de côté ? Voici les scénarios qui s'offrent à vous :

- Taux d'épargne de 10 % du revenu net → 51,4 ans avant la liberté financière
- Taux d'épargne de 20 % → 36,7 ans avant la liberté financière
- Taux d'épargne de 30 % → 28 ans avant la liberté financière
- Taux d'épargne de 40 % → 21,6 ans avant la liberté financière
- Taux d'épargne de 50 % → 16,6 ans avant la liberté financière
- Taux d'épargne de 60 % → 12,4 ans avant la liberté financière
- Taux d'épargne de 70 % → 8,8 ans avant la liberté financière

Vous pouvez calculer de façon précise dans combien de temps vous atteindrez la liberté financière sur la page des « Frugalisten » (*frugalisten. de/rechner,* le site est en allemand mais vous pouvez le traduire avec Google Chrome). Je pense que c'est ingénieux parce que cela rend tangible un objectif soi-disant utopique.

Ne soyez pas surpris que ni votre famille ni vos amis ne vous encouragent pas à faire cela. L'épargne n'est pas (encore) le dernier divertissement à la mode. Mais dès que vous vous mettez à épargner et à investir, vous commencez à planter, entretenir et arroser votre arbre à argent. Plus il deviendra grand et fort, plus vous serez motivé et plus vous essayerez probablement d'augmenter votre taux d'épargne.

La conséquence à cela ?

Prenez l'habitude d'investir au moins 20 % de votre revenu directement au début du mois dans des flux de revenus passifs. Payez-vous d'abord ! Cette façon de penser vient du classique «L'homme le plus riche de Babylone», de George Samuel Clason, publié en 1926. C'est l'une des plus anciennes lois sur l'investissement ! C'est de cela qu'il s'agit si vous voulez créer des flux de revenus passifs et augmenter votre capital. Vous devez commencer par vous payer vous-même et ensuite satisfaire les autres et votre appétit pour la consommation. Avec cette attitude, c'est vous, votre avenir (et celui de votre famille) qui deviennent la facture la plus importante à payer mois après mois !

S'il vous plaît, ne me dites pas maintenant que vous n'aurez plus assez d'argent à la fin du mois. Ce n'est jamais le cas de toute façon !

Vous pouvez apprendre à vivre avec moins. N'essayez pas de mettre de l'argent de côté à la fin du mois, il y a peu de chances pour que vous réussissiez ! Lorsque vous épargnez en début de mois, vous êtes obligé de réduire vos dépenses. La plupart du temps, ça ne fonctionne que de cette façon !

Vous persistez et signez, 20 %, c'est encore trop ?
Il y a beaucoup de gens qui gagnent peu et pour qui épargner 20 % chaque mois n'est possible qu'en rêve. Si vous êtes l'un d'entre eux, tout n'est pas perdu ! Vous pouvez utiliser la méthode du 1 %.

Vous commencez le premier mois avec un taux d'épargne de seulement 1 % et vous augmentez chaque mois d'1 % supplémentaire jusqu'à ce que vous atteigniez au moins 20 % par mois. Vous vous constituez ainsi une épargne durable et à long terme. D'une part, vous réduisez progressivement les dépenses inutiles et, d'autre part, vous commencez à gagner plus d'argent passivement (et peut-être même activement). Ainsi, si vous commencez en janvier avec un taux d'épargne à 1 % et que vous augmentez progressivement chaque mois ce taux de 1 % supplémentaire, vous obtenez 1 780 € à la fin de l'année. Et ce, même si vous n'avez économisé que 1 % au cours du premier mois (mois 1 → 20€ ; mois 2 → 40€ ; mois 6 → 120€ ; mois 12 → 240€, etc. Économiser de l'argent peut et doit être appris !

Créez-vous d'abord une structure de comptes bancaires adéquate

Si vous souhaitez constituer plusieurs flux de revenus passifs, différents comptes bancaires sont recommandés. De cette façon, vous vous créez une base saine et en même temps, vous ne perdez pas de vue tous vos investissements.

Votre compte courant

Vous avez probablement déjà un compte courant. Ce devrait être le compte sur lequel votre salaire est versé. De là, vous coordonnez vos dépenses ou vos plans d'épargne et d'investissement.

Votre compte au jour le jour (compte épargne, livret A)

Vous pouvez souvent ouvrir un compte au jour le jour auprès de la même banque que celle où vous avez votre compte courant. Votre compte au jour le jour devrait servir de réserve de liquidités et de compte d'épargne (intérêts). Établissez un ordre de virement permanent. Dorénavant, 5 % de votre revenu mensuel devra être transféré chaque mois sur votre compte au jour le jour par un ordre de virement permanent. Vous pouvez arrêter cet ordre de virement permanent dès que vous avez atteint 3 salaires mensuels. Cet argent sert de réserve ou de tampon en cas de dépenses imprévues (voir chapitre « Bouddha »).

Votre 2e compte courant

Sur votre 2e compte courant devrait être versé au début du mois le reste de votre épargne. Dans l'idéal, cela représente 20 % de votre revenu mensuel.

Posséder plusieurs comptes est très important en tant qu'épargnant et investisseur. Ils vous permettent d'avoir accès à l'argent rapidement et facilement et vous aident à mieux vous engager dans vos efforts d'épargne. De plus, vous réussirez ainsi (au fil du temps) à investir un quart de votre revenu mensuel dans des flux de revenus passifs. Si vous parvenez à maintenir cette stratégie, vous serez financièrement libre dans 20 ans maximum. Vous aurez alors accumulé - grâce à l'effet des intérêts composés, suffisamment de revenus passifs pour ne plus jamais avoir à travailler !

Automatisation et effet de levier de l'argent

Comme vous le savez maintenant, l'automatisation est une des composantes clef du revenu passif. C'est la seule solution qui permet d'augmenter les revenus sans avoir besoin de travailler plus d'heures. Cela conduit à un paradoxe.

Avec un travail actif, vous échangez votre temps contre de l'argent. Avec l'investissement, vous échangez de l'argent contre plus d'argent à l'avenir.

Ce paradoxe mène à la conclusion que vous laissez l'argent travailler pour vous. D'un point de vue abstrait, c'est exact, mais dans le détail, il s'agit d'un grand malentendu. L'argent ne peut pas travailler. Seuls les gens et les machines peuvent travailler en échange d'argent. Et comme Karl Marx l'a correctement identifié il y a 150 ans, ce sont les coûts accumulés de la main-d'œuvre qui déterminent le prix ! Vous participez ainsi au travail des autres lorsque vous investissez dans des flux de revenus passifs ! Le revenu est bien passif pour vous, mais n'est généré que parce que quelqu'un (salarié) travaille activement (et échange son temps). Cela devrait non seulement susciter chez vous une certaine humilité et gratitude, mais aussi vous encourager à donner quelque chose en retour !

Votre capital est votre démultiplicateur. L'argent a le pouvoir de travailler pour vous, 24h / 24. Sans que cela ne vous demande du temps, de l'argent ou un effort supplémentaire ! Et c'est exactement à cela que nous voulons arriver. Plus nous laissons travailler de l'argent pour nous, moins nous devons travailler nous-mêmes pour en gagner. C'est cela l'objectif de la liberté financière.

Le facteur temps dans la construction d'un revenu passif par le biais de l'investissement en capital a 2 qualités. Le temps de travail actif nécessaire pour arriver à cette fin est extrêmement faible. Cependant, en ce qui concerne l'investissement lui-même, la variable temporelle est d'autant plus importante.

Elle ne peut, en effet, être raccourcie qu'en acceptant de prendre un risque supplémentaire. Je vous en dirai plus à ce sujet lorsque j'aborderai le risque et le rendement d'un investissement. Permettez-moi vous dire une chose : ce n'est pas possible de s'enrichir rapidement avec des investissements en capital sans prendre de risques. Mais il est possible de se construire un revenu passif à vie grâce auquel vous n'aurez plus jamais besoin de travailler !

L'effet des intérêts composés

« L'effet des intérêts composés est la huitième merveille du monde.
Celui qui le comprend le mérite,
celui qui ne le comprend pas le paie. »
Albert Einstein

J'ai évoqué les intérêts composés à plusieurs reprises au cours de ce livre. Pour illustrer le caractère exponentiel de l'effet des intérêts composés, je me référerai donc à deux exemples tirés de mon livre «Tag auf Tag auf Tag im Hamsterrad».

L'arrière-arrière-arrière-arrière-arrière-grand-père de Pure Hasard - Pure Génie - avait investi un centime l'année zéro pour ses descendants. Pure Génie était intelligent et savait quelque peu marchander. Il a donc pu négocier un taux d'intérêt de 5 % avec la banque locale des agriculteurs. Les codes d'accès au coffre-fort secret furent transmis de père en fils au fil des générations. Aujourd'hui, Pure Hasard se rappelle de cette histoire et recherche avec enthousiasme le document ancien. Il trouve ce qu'il cherche dans le grenier de son étable. Il est tellement ému qu'il court vers l'ordinateur, le démarre, et se connecte au compte en ligne de la banque des agriculteurs. Le nombre qu'il voit est si grand qu'il tombe dans les pommes et que l'ordinateur explose. Combien d'argent a bien pu s'accumuler ?

52,194,194,194,762,406,749,596,188,226,226,011,368,141,170,409,472 € (= 52 avec 39 zéros !) En d'autres termes, environ 70 milliards de Terre ou 53 000 soleils d'or pur !

Pour tous ceux qui ont oublié le chemin du calcul ou qui en doutent : c'est une fonction exponentielle très simple.

La formule générale de calcul de l'intérêt composé est :

K (1+p/100) x au carré ; avec : p = intérêts ; K = capital initial ; x = années
Ce qui donne :

Capital initial x (solde du compte au bout d'un an) années au carré.

La conséquence à cela ?
• Au bout de 95 ans, 1 € aurait été gagné, c'est-à-dire que le capital de départ aurait été multiplié par cent.
• Au bout de 142 ans, le capital aurait été de 10 €.
• En l'an 378, un million d'euros aurait été accumulé !
• En l'an 700, tout l'or du monde aurait été épuisé ! Vers 1500, la richesse obtenue aurait pesé autant que la Terre en or.
• En 1929, cela représenterait un milliard de Terres d'or pur.
• En 2016, un seul cent serait devenu 70 milliards de Terres d'or pur !

Il est incroyablement important que vous compreniez ce mécanisme. D'où un deuxième exemple :

« Pure Hasard est promu. Il deviendra Directeur Général de la société Vache-Méthane SARL pour une durée d'un an. Son futur patron lui pose des questions sur ses attentes salariales. Comme Pure a compris l'effet des intérêts composés, il suggère ce qui suit à son patron. Je ne vous demande qu'un cent la première semaine. Puis vous doublez mon salaire chaque semaine. Donc, deux cents la deuxième semaine, quatre cents la troisième semaine, et ainsi de suite. Pendant un an. Si vous n'êtes pas d'accord, je vous fais payer 1 000 € par semaine ! » Quel modèle de salaire le PDG de Vaches-Méthanes SARL accordera-t-il à Pure ? Probablement le premier. Pure Hasard devint l'homme le plus riche de l'univers grâce à son intelligence. En une seule année, il gagna 22,5 milliards d'euros !

En revanche, Pure n'aurait pu gagner « que » 52 000 € à la fin de l'année avec un salaire de 1 000 € par semaine. Pure gagnait plus d'argent dès la semaine 23 que dans l'autre modèle de salaire après une année entière !

Ces deux exemples sont non seulement extrêmement intéressants, mais illustrent également le fait que le mécanisme d'intérêt composé dépend uniquement de deux facteurs. Ceux-ci doivent être optimisés à partir de maintenant. Vous pouvez l'essayer vous-même à l'aide d'un tableau Excel des valeurs d'intérêt, que vous pouvez télécharger gratuitement (*https://bit. ly/2SMXRHR*). Le graphique suivant illustre de façon impressionnante ce mécanisme.

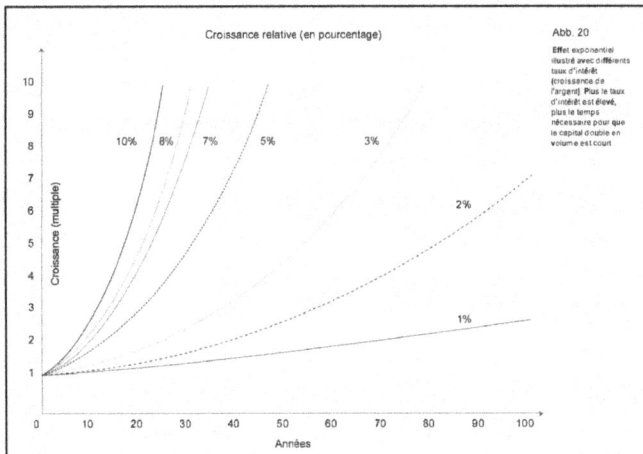

Croissance relative (en pourcentage)

Abb. 20

Effet exponentiel illustré avec différents taux d'intérêt (croissance de l'argent). Plus le taux d'intérêt est élevé, plus le temps nécessaire pour que le capital double en volume est court

Facteur n°1 - le temps (durée)

Plus vous laissez le mécanisme d'intérêt composé fonctionner longtemps, plus l'effet se fait sentir. L'axe des abscisses est segmenté en intervalles de 10 ans. Vous voyez que l'intérêt composé ne déploie son plein pouvoir qu'au cours d'une certaine période de temps.

Facteur n°2 - Taux d'intérêt

Le deuxième facteur est le taux d'intérêt. Plus le taux d'intérêt est élevé, plus le montant soumis à ce taux se démultiplie rapidement.

Plus vos intérêts créditeurs sont élevés, plus vous pouvez bénéficier rapidement de la démultiplication en raison de la nature exponentielle du taux d'intérêt.

Les conséquences ?

Le facteur n°1 montre en particulier pourquoi vous devriez utiliser le mécanisme de l'intérêt composé le plus tôt possible. Plus vite vous commencez à « laisser l'argent travailler pour vous », plus l'effet sera fort.

Le facteur n°2 montre que plus le taux d'intérêt est élevé, plus vite le montant initial se démultiplie. Mais attention : plus le taux d'intérêt est élevé, plus le risque est élevé !

L'effet d'intérêt composé, ou croissance exponentielle, vit de la démultiplication. En fonction de la combinaison des deux facteurs, un certain montant se démultiplie pendant un certain laps de temps, encore et encore. Cet effet de démultiplication est aussi appelé croissance exponentielle. Il peut être comparé à une avalanche qui entre le haut et le bas de vallée a accumulé tellement de neige qu'elle s'est transformée en un véritable torrent. C'est pourquoi notre objectif devrait être de maximiser les deux effets en même temps. Vous maximisez l'effet du temps en commençant à utiliser l'effet des intérêts composés dès aujourd'hui. Vous maximisez l'effet des intérêts en diversifiant intelligemment vos placements et en obtenant ainsi le rendement le plus élevé possible (tout en prenant un risque considéré). Inversement, bien sûr, les intérêts composés négatifs doivent être évités à tout prix. Vous connaissez peut-être ce dont ils sont capables si vous vous êtes déjà retrouvé à découvert. Si vous ne remboursez qu'une partie de vos dettes, le fardeau global de la dette augmentera encore. Dans ce cas, l'effet des intérêts composés agit contre vous !

S'enrichir automatiquement ? Est-ce bien réaliste ?

Supposons que vous investissez aujourd'hui 100 € à un taux d'intérêt de 10 %. En l'espace de 7 ans ce montant aura déjà doublé. Alors que la première année vous recevrez 10 € d'intérêts, la troisième année ça sera déjà 12,10 €.

La différence de 2,10 € résulte du réinvestissement des intérêts déjà cré-
dités sur votre compte. Vous pouvez voir l'évolution exacte de vos actifs
dans le tableau suivant :

Année	Somme de départ	Intérêt annuel	Montant final
1	100	10	110
2	110	11	121
3	121	12.1	133.10
4	133.10	13.31	146.41
5	146.41	14.64	161.05
6	161.05	16.11	177.16
7	177.16	17.72	194.87
8	194.87	19.49	214.36
9	214.36	21.44	235.79
10	235.79	23.58	259.37
11	259.37	25.94	285.31
12	285.31	28.53	313.84
13	313.84	31.38	345.23
14	345.23	34.52	379.75
15	379.75	37.97	417.72
16	417.72	41.77	459.50
17	459.50	45.95	505.45
18	505.45	50.54	555.99
19	555.99	55.60	611.59
20	611.59	61.16	672.75

Avez-vous une meilleure idée de cet effet maintenant ? Il est, en effet,
difficile de comprendre logiquement l'effet cascade de l'intérêt composé. Il
est trop gigantesque pour ça, du moins c'est ce que je ressens.

Mais j'ai compris que c'est avant tout l'effet des intérêts composés qui fait en sorte que les riches deviennent plus riches et que les pauvres restent pauvres ou s'appauvrissent (par ex. via l'inflation).

Les millionnaires ont fait peu de choses de plus que les autres. Ils ont par contre fait l'essentiel. 516 mensualités d'épargne d'un montant de 430,44 € chacune, à un taux de 6 %, feront de vous un millionnaire dans 43 ans. Le plus intéressant, c'est que le montant final est composé à la fois d'intérêts ou d'intérêts composés et du montant des mensualités. Le montant des mensualités s'élève à 222 107,04 €, tandis que celui des intérêts composés culmine à 777 899,30 € ! Ainsi, chacun de nous peut devenir millionnaire s'il épargne et investit en conséquence !

Cela montre clairement les nombreuses facettes que comporte l'investissement.
- Tout d'abord, nous voulons protéger notre argent durement gagné contre la perte de valeur provoquée par l'inflation.
- De plus, nous voulons construire pour l'avenir et accumuler un capital.
- Enfin et surtout, nous voulons constituer progressivement des flux de revenus passifs toujours plus importants, qui finalement nous permettent de ne plus nous sentir contraint d'aller travailler.

Risque ou rendement ?
Une solution éprouvée

Celui qui regarde de temps à autre le journal télévisé, sera à chaque fois confronté à de la négativité. La psychologie humaine est beaucoup plus réceptive aux événements négatifs qu'aux événements positifs. Cela vaut également pour le monde de la finance. Nous entendons parler de crises économiques dramatiques et d'existences détruites sur le marché boursier. Cela finit par nous empêcher de faire travailler notre argent pour nous en bourse. Le succès sur le marché boursier n'est lié qu'à deux facteurs : le rendement et le risque. Une fois que vous avez compris leur interaction, il n'y a plus aucune raison de ne pas participer à l'augmentation de la valeur des cours des actions ou de la valeur ajoutée globale.

Les deux facteurs, le risque et le rendement, sont antagonistes.

Plus l'un des deux est élevé, plus l'autre l'est généralement aussi et vice versa. Plus nous voulons obtenir un rendement important, plus nous devons prendre de risques. Inversement, les investissements qui n'impliquent qu'un faible risque produisent également des profits nettement plus faibles et donc des revenus passifs plus faibles.

À cet égard, votre objectif doit être de choisir les deux facteurs de la manière la plus optimale possible, en fonction de vos préférences personnelles (votre attitude à l'égard du risque).

Bien entendu, tout le monde souhaite réaliser les profits les plus élevés possible avec le risque le plus faible possible. Cependant, des attentes trop élevées sont utopiques et aboutissent souvent aux mêmes déceptions dramatiques. La bonne nouvelle, c'est que nous pouvons nous approcher d'un optimum à partir duquel nous obtenons un bon rendement (revenu passif) combiné avec un risque considéré. Ce point optimal est atteint grâce à la diversification.

Je sais, encore un terme technique. Mais la compréhension de la diversification est cruciale non seulement sur le marché boursier, mais aussi pour chaque modèle d'entreprise. La diversification signifie la multiplicité des investissements ou des secteurs d'activité afin de réduire le risque. L'explication est simple. Imaginez que vous devez parvenir à conserver votre récolte de pommes durant l'hiver. Si vous mettez toutes les pommes dans le même panier, une seule pomme pourrie suffit pour infecter toutes les autres pommes et détruire toute votre récolte. Mais si vous mettez vos pommes dans plusieurs paniers, un panier rempli de pommes pourries vous causera beaucoup moins de soucis ! Il en va de même pour les entreprises qui n'offrent qu'un seul produit. La médiatisation d'une seule pénurie de production suffit à mettre en danger l'avenir de l'entreprise. Tout le contraire de la diversification.

Plus vous répartissez vos placements, plus ils sont indépendants les uns des autres et moins vous courez de risques. Avec chaque investissement supplémentaire, il devient de moins en moins probable que l'ensemble de votre portefeuille perde de la valeur de manière significative, en cas de crise par exemple. Cette interdépendance des valeurs est également appelée corrélation. Plus les valeurs sont similaires, par exemple parce qu'elles appartiennent à la même industrie sur le même marché, plus elles sont fortement corrélées et plus la probabilité que les deux aient une évolution de prix relativement similaire est élevée. Vous avez ainsi déjà découvert les deux facteurs essentiels à la diversification.

N°1 - Le risque lié à l'entreprise

Le cours et donc le rendement d'une action peuvent être fortement influencés par des facteurs internes à l'entreprise (tels que le bénéfice ou le développement du chiffre d'affaire). Ce risque est également connu sous le nom de risque propre à l'entreprise. Le malheur des uns fait le bonheur des autres. Vous pouvez ainsi réduire le risque propre à l'entreprise (non systématique) de votre portefeuille en sélectionnant habilement différentes actions.

N°2 - Le risque sectoriel

La situation est très similaire en ce qui concerne le risque sectoriel. En règle générale, les cours des actions des entreprises d'un même secteur d'activité sont corrélés entre eux. Cela n'est pas surprenant, car ces entreprises visent un groupe cible identique et dépendent de fournisseurs similaires. Ainsi, vous pouvez réduire le risque sectoriel grâce à une sélection intelligente de vos investissements dans différents secteurs.

N°3 - Le risque de marché

Le risque de marché, également connu sous le nom de risque systématique, décrit les risques causés, par exemple, par les variations des taux d'intérêt et les événements économiques ou politiques. Le risque de marché touche toutes les entreprises et est le seul risque que vous ne pouvez pas diversifier. Néanmoins, il est conseillé d'investir sur différents marchés (pays) précisément en raison du risque de marché. De cette façon, vous pouvez au moins réduire le risque systématique pouvant toucher un pays.

N°4 - Le risque de change

Il y a un dernier facteur de risque, celui des fluctuations monétaires. Si vous commencez à investir sur différents marchés, vous devez le faire dans les monnaies nationales respectives. Toutefois, ces monnaies peuvent devenir plus fortes (appréciation) ou plus faibles (dépréciation) par rapport à l'euro. Cela aussi devrait certainement être inclus dans votre équation d'investissement. Les fluctuations monétaires peuvent entraîner des pertes supplémentaires ou améliorer les résultats.

Principe de base

Plus ces facteurs sont distincts de la valeur de votre portefeuille, plus le risque global diminue. Cela comprend tous les flux de revenus passifs que vous créez. Cela explique aussi pourquoi il est si important d'en avoir le plus grand nombre possible.

Plus vous effectuez des investissements différents, plus vous pouvez contrôler votre risque.

C'est pourquoi la plupart des « gourous de la bourse » recommandent de construire un portefeuille comprenant les trois classes de risque et en fonction de vos préférences personnelles :

1. Les investissements à faible risque et donc à faible rendement
2. Les placements à risque modéré et à rendement modéré
3. Les investissements à haut risque et à rendement élevé.

Je vous présenterai une distribution possible de vos investissements dans le prochain chapitre. Cette distribution est importante pour assurer le succès financier à long terme de vos investissements. Ceci est également confirmé par une étude reconnue. Elle a montré que les actions, depuis 1950, sur une période consécutive de 20 ans, n'ont encore jamais enregistré de dépréciation. Le marché boursier a toujours été rentable sur une période de 20 ans, peu importe l'importance des crises qu'il a connues. Pour moi, en tant qu'économiste et auteur d'un best-seller sur le système monétaire et ses pièges, cela n'a rien de surprenant. Depuis la dissolution du système de Bretton Woods en 1971, l'argent n'a plus de valeur fixe. Depuis lors, l'inflation (expansion de la masse monétaire) s'est poursuivie sans relâche. Alors que l'inflation prive la plupart des gens de leur salaire, ceux qui ont investi dans des actifs, comme les actions, en ressortent gagnants.

Une raison suffisante pour les rejoindre !

La théorie du marché financier de Harry Markowitz

« La mer n'a jamais été aussi grande,
depuis qu'une oie économise l'eau. »

FREIDANK

Le modèle d'évaluation des actifs financiers (MEDAF) est le modèle auquel tout le monde se réfère dans la théorie du portefeuille. Cela remonte à l'économiste Harry M. Markowitz. En 1952, il découvre que l'allocation d'actifs, c'est-à-dire le meilleur agencement possible des actifs, n'est rien d'autre qu'une coïncidence et peut certainement être optimisée. Le MEDAF indique que le risque diminue à mesure que le nombre de titres augmente et s'ajuste graduellement au risque de marché (également connu sous le nom de risque systématique).

En fonction de la répartition de votre patrimoine, vous constituez soit un portefeuille plus risqué, qui promet un rendement plus élevé, soit un portefeuille moins risqué, mais qui rapporte moins. Cette distribution est en fin de compte votre décision et devrait être basée sur vos préférences personnelles. La question est donc :

Voulez-vous devenir riche à long terme, ou générer des revenus passifs supplémentaires relativement rapidement tout en prenant plus de risques ?

Les meilleurs investissements pour les flux de revenus passifs

« La plupart des gens surestiment ce qui peut être réalisé en un an et sous-estiment ce qui peut être réalisé en cinq ans. »

ANONYM

Vous devriez maintenant avoir suffisamment de connaissances théoriques pour constituer vos premiers flux de revenus passifs par le biais d'investissements de capitaux. Je me limite à des méthodes éprouvées qui fonctionnent vraiment et ne comportent qu'un risque minime. C'est pour cette raison que les produits dérivés, les « Futures » et les certificats ne seront pas abordés dans les chapitres à venir. J'ai beaucoup appris sur ces stratégies au cours de mon Master et je pense qu'en plus d'être très compliquées, elles comportent aussi un risque élevé d'échec. Pour moi, ces stratégies ne représentent pas des solutions faciles à mettre en œuvre pour générer des flux de revenus passifs à long terme. N'oubliez pas qu'en France les revenus du capital sont taxés à 30 %. Dans tous les cas, je vous invite à vous rapprocher d'un conseiller fiscal ou de faire rapidement une recherche sur Google.

Encore une fois, il est important que vous deveniez vous-même actif. On n'a rien sans rien. Vous serez surpris des succès financiers que vous obtiendrez bientôt avec un peu de patience !

Argent au jour le jour, livret d'épargne et dépôt à terme

Il y a de cela quelques années, je ne connaissais même pas le terme revenu passif (alors même que j'étais étudiant en économie à l'université !). Avec mon associé Jens, nous avons dû acquérir nous-mêmes l'expérience nécessaire. J'avais, comme beaucoup d'étudiants, peu d'argent à ma disposition et il devait être aussi liquide que possible (pour financer les nombreuses dépenses imprévues). Le compte d'argent au jour le jour est alors devenu ma première source passive de revenus.

Il est possible d'avoir accès tous les jours à un compte d'argent au jour le jour. Il fonctionne comme un compte épargne avec des taux d'intérêt légèrement inférieurs. Les épargnants peuvent effectuer des dépôts illimités, qui produisent des intérêts au jour le jour et sont reversés partiellement mensuellement. Il en résulte un effet d'intérêt composé. Cependant, vous ne pouvez pas retirer d'argent liquide au distributeur depuis ce type de compte. Vous devez d'abord transférer le montant souhaité sur un compte courant de référence. Contrairement à un compte courant, un compte d'argent au jour le jour ne permet pas de payer ni de faire de retraits au distributeur.

De mon point de vue, un compte d'argent au jour le jour ne devrait pas manquer à la liste de vos (futurs) revenus passifs. C'est une excellente façon d'investir de l'argent auquel vous devez ou voulez avoir accès maintenant ou un peu plus tard, et qui produit des intérêts. Mon compte d'argent au jour le jour me sert de compte tampon pour amortir les dépenses imprévues. J'y garde toujours au moins 3 salaires mensuels nets.

Je dois admettre, cependant, que je n'ai pas été tout à fait honnête lorsque j'ai dit que j'ai généré mon premier revenu passif par l'intermédiaire d'un compte d'argent au jour le jour. Comme la plupart des enfants, mes parents et mes grands-parents ont ouvert un compte d'épargne pour moi quand j'étais bébé.

Au fil des mois et des années, ils ont déposé chaque mois de l'argent qui produisait des intérêts. Ce qu'il y a de formidable, c'est que je me suis souvenu de ce compte à l'âge de 16 ans. C'est pourquoi, pendant ma phase de « Tempête et passion », il a été victime de plusieurs investissements plutôt fous. Un compte de dépôt à terme aurait été beaucoup mieux. Je n'aurais pas pu m'approcher de cet argent pendant une durée déterminée. C'est précisément la raison pour laquelle les comptes de dépôt à terme donnent beaucoup plus d'intérêts que les livrets d'épargne. Les banques peuvent mieux planifier et travailler avec le capital investi. Toutefois, un dépôt minimum est exigé pour les comptes épargne à terme fixe. Habituellement entre 1 000 et 5 000 euros. Il n'est pas non plus possible d'effectuer des virements mensuels supplémentaires. Ainsi, ces deux types d'épargne sont conçus pour des groupes cibles complètement différents. Le compte d'épargne est plus adapté aux enfants ou à un projet d'épargne mensuelle à long terme - qui est également sécurisé car il est accessible quotidiennement et maintenu pour une durée illimitée. Toutefois, ici aussi, de nombreux épargnants se font surprendre par les banques dans leur volonté d'épargner de manière sûre et flexible. Elles instaurent, en effet, de longues périodes de préavis au plan d'épargne ainsi que des cotisations maximales fixes. Le compte de dépôt à terme, par contre, est un engagement d'une durée allant de quelques jours à plusieurs années. Pendant cette période, vous ne pouvez pas accéder à l'argent. De plus, vous ne bénéficiez pas de l'effet des intérêts composés, car les intérêts sont versés mensuellement ou annuellement.

Quelques mots sur la situation actuelle :

En période de taux d'intérêt extrêmement bas, du moins en France, les options du compte au jour le jour et d'un compte à terme ne peuvent générer des flux de revenus passifs que dans une moindre mesure. À l'heure actuelle, il n'y a pratiquement pas d'argent à gagner avec les options mentionnées ci-dessus. Mais cela aussi peut changer et changera un jour. Pour ces raisons, un seul compte de dépôt à vue est actuellement recommandé pour rassembler toute votre épargne liquide.

Néanmoins, vous devez savoir qu'en réalité sur une année, vous perdrez également de l'argent avec votre compte de dépôt à vue tant que l'inflation (perte de pouvoir d'achat) est supérieure à votre taux d'intérêt. Cela explique pourquoi la population générale - y compris les épargnants traditionnels perd beaucoup d'argent sans vraiment s'en rendre compte.

Je présenterai à ceux qui souhaitent transformer l'argent qu'il leur reste en une source de revenus passifs, des options bien meilleures dans les chapitres suivants. Des options qui non seulement compensent l'inflation, mais qui la dépassent largement et sont donc véritablement adaptées à l'accumulation de capital et à l'objectif de liberté financière.

(Dividende) d'actions

De toutes les classes d'actifs, les actions sont celles qui promettent les gains les plus élevés au fil du temps. Les actions peuvent être simplement définies comme des parts de sociétés cotées en bourse. Ces parts sont émises par les sociétés afin de se financer avec de nouveaux capitaux propres. L'autre option de financement consisterait à mobiliser des capitaux extérieurs (prêts bancaires ou obligations). La vente d'actions sur le marché boursier est donc l'option la moins chère pour les entreprises afin d'obtenir de l'argent (par ex. pour financer de nouveaux projets nécessitant beaucoup de capital).

L'entreprise peut alors décider si elle veut ou non que les actionnaires participent aux bénéfices de l'entreprise. La distribution de cette participation aux bénéfices est appelée dividende. Afin de constituer des flux de revenus passifs avec des actions, seules les actions offrant des dividendes doivent être sélectionnées, car elles vous permettent (espérons-le) de participer au succès de l'entreprise en percevant chaque année une part des bénéfices. Les dividendes sont distribués par le conseil d'administration lors de l'Assemblée Générale, mais peuvent également être suspendus. Ce n'est donc pas un paiement obligatoire ! En plus des dividendes, chaque titre négocié en bourse est toujours soumis à une évolution du cours. Ici, la relation entre l'offre et la demande détermine le prix ou l'évolution du prix d'un titre. Plus une action est populaire, par exemple en raison d'une évolution positive des données de l'entreprise, plus la demande est forte et plus le prix est élevé. Si le cours de l'une de vos actions se développe particulièrement bien, vous devriez néanmoins envisager de la vendre et de réaliser un bénéfice supplémentaire passif.

La valeur des actions fluctue au cours de la journée. Personne ne sait dire le matin si la valeur de l'action sera plus ou moins élevée à la fin de la journée.

Après tout, le comportement humain - et maintenant aussi les algorithmes compliqués d'énormes systèmes informatiques négociant des titres en un millième de secondes (Trading haute fréquence) - rendent impossible de prédire une tendance exacte des prix. Les nouvelles négatives sont presque toujours accompagnées de dépréciation (mais parfois aussi de valorisation). C'est pourquoi les actions sont souvent considérées comme une classe d'actifs à haut risque. C'est exact - du moins à court terme ! Mais à long terme, toutes les statistiques prouvent que les actions promettent un profit sûr.

Depuis 1981, le DAX a enregistré une performance annuelle moyenne d'un peu moins de 10 % (exactement 9,3 %) ! Il est donc tout à fait réaliste d'atteindre cette valeur pour les investissements en actions à long terme. Et comme vous le savez depuis le chapitre 7.4.1, avec ce taux d'intérêt le capital investi initialement double environ tous les 7 ans !

Deux possibilités de revenu passif avec les actions

Sauf dans le cas de nouvelles émissions, les actions sont toujours acquises au prix de leur valeur marchande donnée par le cours. Vous devez pour cela payer des coûts de transaction et d'information. Les coûts de transaction résultent des frais que vous devez payer pour être autorisé à opérer sur le marché. Chaque transaction coûte de l'argent. Les modèles de prix des intermédiaires varient énormément. Ce sont les courtiers en ligne qui sont les moins chers. Dans notre cas, les coûts de l'information reflètent le temps dont nous disposons pour analyser si l'achat sera rentable ou non. Ainsi, si vous tentez votre chance sur le marché boursier avec relativement peu d'argent, vous devez être capable de bien négocier. Cependant, si vous avez un capital de 100 000 € et que vous achetez des actions individuelles d'une valeur de plusieurs milliers d'euros, les frais seront nettement moins importants. Si vous n'aimez pas beaucoup le trading, cela ne vaut pas la peine d'acheter et de vendre fréquemment, surtout en tant que petit investisseur. C'est un secret de polichinelle.

Placements actifs ou passifs

Benjamin Graham était le mentor de Warren Buffet. Il était un digne représentant de l'investissement actif. L'investisseur actif est davantage un investisseur entrepreneurial qui est constamment à la recherche de nouvelles actions et obligations lucratives et les analyse. Cette personne voit cela surtout comme un défi et aime se créer un portefeuille optimal (et prendre des risques plus importants en même temps).

L'investisseur passif ou défensif, cependant, n'a pas vraiment le temps d'analyser les actions ou les rapports annuels et n'est pas particulièrement enclin à jouer pleinement le jeu sur le marché boursier. Au lieu de cela, cette personne veut mettre son investissement sur pilote automatique, perdre le moins de temps possible et continuer à gagner de l'argent. Je fais partie de ce dernier groupe.

Il n'y a pas de bon ou de mauvais investisseur ici. Je veux néanmoins construire le plus grand nombre possible de flux de revenus passifs tout en investissant le moins possible de temps au départ et tout le long. Faute de quoi, il redeviendra un revenu actif ! C'est pourquoi je suis un grand fan de l'investissement passif, surtout avec les stratégies décrites ci-dessous.

Quand est-il vraiment payant d'investir dans des actions ?

En raison des coûts de transaction et d'information déjà mentionnés, l'acquisition d'actions individuelles n'est intéressante qu'à partir d'un investissement minimum absolu de 2 000 euros. Plus le capital investi et les positions en actions individuelles sont élevés, plus le rapport entre les frais de transaction et le capital investi est faible. À long terme, vous devriez donc vous demander si vous préférez payer 3-4 % ou 0,1 - 0,2 % de frais par transaction. La période de détention de l'action est également particulièrement importante. Plus la durée de détention des actions est longue, plus les frais de transaction sont bas.

Une règle empirique dit que vous devriez investir au moins 500 euros dans une action. Puisqu'il est important de diversifier, vous devriez avoir au moins 5 titres différents dans votre portefeuille.

Cela fait donc rapidement un investissement initial d'environ 2 500 euros
! ! En moyenne, cela se traduit par des coûts de transaction de 4 %. Bien
sûr, vous obtiendrez un bien meilleur résultat si vous investissez au moins
2 000 euros dans une action. Dans ce cas, le pourcentage des coûts de
transaction est moins important. D'ailleurs, c'est aussi la recommandation
de la plupart des « gourous de la bourse ». Au début, vous ne devriez parier
que sur quatre ou cinq actions différentes - de préférence des actions stan-
dards - pour diversifier un peu votre petit portefeuille et n'ajouter que
quelques actions au fil du temps. Certaines études montrent qu'une diversification suffisante comptabilise 20 titres différents. Par ailleurs, la dimi-
nution du risque a le même effet qu'une dose homéopathique. Selon l'in-
stitut des actions allemand (Deutsches Aktieninstitut), 8 à 10 actions
différentes suffiraient pour posséder un portefeuille bien diversifié.

Pour que vous sachiez par où commencer, j'ai choisi pour vous des
actions à dividende (durables) particulièrement fructueuses.

Actions à dividende particulièrement fructueuses :

Nestlé (société stable payant un dividende moyen de 2-3 %) → *ISIN
: CH0038863350.*

McDonalds (l'une des marques les plus fortes au monde, qui verse
un dividende d'environ 3 % et dont la valeur a augmenté d'environ
14 % au fil des ans) → *ISIN : US580135101017.*

Genuine Parts (augmentation annuelle du dividende depuis près
de 60 ans) → *ISIN : US3724601055.*

Coca Cola (l'une des marques les plus fortes au monde, 53 années
consécutives de hausse du dividende) → *ISIN : US191216161007.*

General Mills (verse un dividende depuis plus de 115 ans) → *ISIN :
US3703341046.*

Roche (les dividendes sont en hausse depuis plus de 25 ans) → *ISIN
: CH0012032048.*

> **Procter & Gamble** (ne cesse de payer des dividendes depuis 1890.
> Les paiements de dividendes augmentent chaque année depuis
> 1959 !) → *ISIN : US7427181091.*
>
> **Les constructeurs automobiles** (BMW, Daimler, VW).
>
> **Les groupes technologiques allemands** (Siemens, Infineon,
> Linde).

Les actions à dividende particulièrement populaires sont les sociétés qui se concentrent sur les besoins quotidiens des gens. Par conséquent, ils gagnent de l'argent même dans les mauvaises années économiques. Il s'agit notamment des fabricants de biens de consommation, des sociétés pharmaceutiques et des producteurs de tabac. Si vous attachez de l'importance aux mœurs et à la morale, vous pouvez décider d'investir dans des actions à dividendes durables.

Actions particulièrement durables :

> **Aixtron** (équipement semi-conducteur) → *ISIN : DE000A0WMPJ6.*
>
> **Boiron** (homéopathie) → *ISIN : FR0000061129.*
>
> **Gaia** (produits biologiques) → *ISIN : US36269P1049.*
>
> **Kadant** (recyclage du papier) → *ISIN : US48282T1043.*
>
> **Natura Cosmeticos** (Cosmétique) → *ISIN : BRNATUACNOR6.*
>
> **Ormat Technologies** (Geothermie) → *ISIN : US6866881021.*
>
> **Steelcase** → *ISIN : US8581552036.*
>
> **Steico** (matériaux isolants) → *ISIN : DE000A0LR936.*
>
> **Svenska Cellulosa** (papier) → *ISIN : SE0000112724.*
>
> **Tesla Motors** (voitures électriques, batteries) → *ISIN : US88160R1014.*
>
> **Vestas Wind** (éoliennes) → *ISIN : DK0010268606.*

J'ai inclus cette section parce que certaines des entreprises mentionnées ci-dessus ne sont pas nécessairement connues pour être socialement et écologiquement durables. Cependant, je suis un fervent défenseur de l'environnement et de l'éthique au travail.

Je pense que nous avons tous un rôle à jouer - en particulier nous, en Occident, qui sommes les premiers bénéficiaires de la mondialisation de l'économie. C'est pourquoi j'ai créé une petite liste d'actions d'entreprises socialement et écologiquement durables, largement diversifiées et tout à fait lucratives financièrement. Si vous souhaitez plus d'informations, je peux vous recommander le « Forum pour les investissements durables ».

Qu'est-ce qu'il vous reste à faire maintenant ?

Vous avez maintenant tous les outils en mains pour faire vos premiers pas sur le marché boursier et pour exploiter d'autres flux de revenus passifs à travers le marché boursier. Il ne vous reste plus qu'à ouvrir un dépôt, démarche gratuite auprès d'un courtier en ligne ou sur une banque en ligne. Lors de votre sélection, veillez à prendre en compte les quatre facteurs suivants :

les frais de gestion du dépôt (le dépôt doit être gratuit),
les frais de négociation (de préférence par achat - à partir de 4,90 € / transaction),
les dépôts minimaux et la variété **des options d'investissement.**

Commencez dès maintenant (avant même de continuer à lire) !

Les fonds indiciels - un instrument révoluti-onnaire pour tous !

« Investissez 10 % dans des obligations d'État et 90 % dans un fonds indiciel S&P 500 à faible coût. Le résultat sera meilleur que la plupart des investisseurs (professionnels et chers). »

WARREN BUFFET

Il est vrai que la plupart des débutants en bourse n'ont en premier lieu pas le capital nécessaire ou ne sont pas disposés à faire d'importants investissements initiaux. Cependant, ils aimeraient participer à l'activité boursière avec un portefeuille diversifié à un risque raisonnable. Êtes-vous l'un d'entre eux ?

Alors vous vous sentez comme moi ! Et heureusement, il y a une solution parfaite pour les paresseux comme moi. Elle s'appelle « Exchange Traded Fund » (ETF). Alors qu'il n'y avait auparavant que des fonds gérés activement, depuis plusieurs années, les investisseurs peuvent placer leur argent dans des fonds d'investissement gérés passivement. C'est une bonne chose pour plusieurs raisons.

Premièrement, vous utilisez votre argent pour acheter un portefeuille largement diversifié. D'autre part, vous n'avez presque pas à payer de frais pour cela ! Les fonds actifs sont gérés par des gestionnaires de fonds qui effectuent des analyses et font des prévisions. Mais bien sûr, cela coûte de l'argent et réduit le retour sur investissement. De plus, seuls quelques fonds sont en mesure de battre la performance du marché. Ils ont souvent des performances encore plus mauvaises (24 % battent le marché, 76 % y sont soumis) ! À mon avis, c'est parce que le marché, ou la psychologie sur laquelle il est basé, est humain et donc imprévisible (le fameux instinct grégaire, etc.). Un ETF contient des actions d'un secteur, d'un indice de pays comme le DAX, ou même d'un secteur entier, par ex. les marchés émergents. De plus, les ETF et les fonds d'actions doivent répondre à des conditions strictes.

Ils doivent par exemple détenir plus de 20 sociétés dans leur porte-feuille, mais ne peuvent pas dépasser le seuil des 100 sociétés. En outre, en règle générale, ils ne peuvent pas investir plus de 10 % dans une seule action. Ces deux aspects garantissent une sécurité supplémentaire !

Tous les avantages des ETFs :
• Faibles frais de transaction.
• Une large diversification des risques, car les entreprises les plus fortes d'un secteur ou d'un pays sont représentées (réduisant ainsi le risque de marché) !
• Pas de frais pour les gestionnaires de fonds (réduit généralement le rendement d'environ 1,5 % / an).
• Pas de frais d'entrée (Agio).
• L'automatisation est possible par la mise en place d'un plan d'épargne.
• Vous pouvez commencer à investir à partir de 25 € par mois (plus d'informations à ce sujet dans le chapitre suivant).
• Vous participez aux dividendes et à la hausse des cours boursiers. Ceci est principalement dû à la pluie d'argent de la BCE (suite à la crise de l'euro), qui conduit à un gonflement (= inflation) des prix (= cours) sur le marché boursier !

Les ETFs présentent des avantages évidents par rapport aux fonds d'actions traditionnels, notamment en ce qui concerne leur structure de frais. Lorsque vous achetez un fonds d'actions traditionnel, vous engagez un gestionnaire de fonds pour le gérer pour vous. Pour cela, vous devez payer le « Total Expense Ratio » (TER). Il varie entre 0,3 et 3 %. Cette somme est prélevée une fois par an sur le capital d'investissement total. En revanche, les ETFs sont gérés passivement. Par conséquent, les coûts sont réduits à peau de chagrin. En règle générale, un TER compris entre 0,05 et 0,5 % est requis pour les ETFs ! Par conséquent, investissez toujours dans des fonds passifs (ETFs), qui n'ont pas du tout de coûts ou seulement des frais très bas !

Permettez-moi de vous donner un exemple :

Anne Active et Pierre Passif sont un couple. Tous deux poursuivent le rêve de prendre leur retraite le plus tôt possible. Ils décident d'investir dès aujourd'hui 500 euros par mois pendant 25 ans. Anne Active opte pour un fonds géré activement. Pierre Passif pour un ETF géré passivement. Les deux génèrent le même rendement de 8 %. Cependant, le fonds d'Anne coûte 1,5 %, alors que celui de Pierre ne coûte que 0,17 %. Le résultat après 25 ans ?

Anne Active :   374 417 €
Pierre Passif : 462 583 €

Pierre Passif a gagné 88 165 € de plus qu'Anne. De l'argent qu'Anne a dépensé uniquement pour la gestion du fonds !

Capitalisation ou distribution ?

Il y a une autre distinction importante à connaître avec les ETFs. La différence entre la capitalisation et la distribution. Les ETFs de capitalisation permettent de réinvestir les profits réalisés, pendant que les ETFs de distribution vous les reversent (excluant ainsi l'effet des intérêts composés). Les ETFs de capitalisation conviennent donc mieux dans le cadre d'un objectif d'accumulation d'actifs à long terme. Les ETFs de distribution en revanche, sont plus adaptés à la constitution d'un revenu passif. Encore une fois, il n'y a pas de bon ou de mauvais ETF. Votre décision dépend plutôt de vos préférences personnelles. Personnellement, j'ai choisi l'ETF de distribution pour mon portefeuille.

Des ETFs particulièrement performants :

ComStage DAX (les 30 sociétés les plus fortes d'Allemagne, distribution) → *ISIN : LU0378438732.*

DWS Top Dividende (distribution) → *ISIN : DE0009848119*

Threadneedle Pan European Equity Dividend (distribution) → *ISIN : GB00B12ZG015.*

TecDAX (30 sociétés technologiques allemandes les plus importantes et les plus négociées ; capitalisation) → *ISIN : DE0005933972.*

MSCI EM Information Technology Index (Index des économies émergentes ; capitalisation) → *ISIN : LU0592217102.*

S&P Select frontier (actions des marchés émergents ; capitalisation) → *ISIN : LU0328476410.*

Source STOXX Europe 600 (biens de consommation de base en Europe ; capitalisation) → *ISIN : IE00B5MTZ595.*

Euro Stoxx Select Dividend 30 (Actions à dividende européennes ; distribution) → *ISIN : LU0292095535.*

Lyxor MSCI World UCITS (1 800 des entreprises les plus importantes du monde. Avantage : excellente répartition des risques et réduction du risque sectoriel. Inconvénient : peu de transparence ; distribution) → *ISIN : FR0010315770.*

ETFs particulièrement durables :

Lyxor World Water (avec cet ETF vous soutenez l'approvisionnement en eau dans le monde ; distribution) → *ISIN : FR0010527275.*

UBS MSCI World Socially Responsable (cet ETF exclut les entreprises qui font de l'argent avec l'alcool, le tabac, les jeux de hasard, les armes et la pornographie ; distribution) → *ISIN : LU0629459743.*

iShares Dow Jones global Sustainability (une sélection mondiale d'entreprises durables ; capitalisation) → *ISIN : IE00B57X3V84.*

Green Effects NAI-Wertefonds (entreprises durables d'Allemagne ; capitalisation) → *ISIN : IE0005895655.*

Lorsque j'investis dans des ETFs aussi, j'essaie de tirer mes revenus passifs de sources durables et équitables. C'est pourquoi j'ai créé cette petite liste d'ETFs avec des actions d'entreprises socialement et écologiquement durables et qui sont financièrement lucratives. Avec un peu d'habileté, vous pouvez même constituer un portefeuille mondial avec des ETFs.

Bien sûr, cela ne fonctionne pas à 100 %, mais plus vous vous rapprochez de ce portefeuille, plus vous êtes parfaitement diversifié et plus votre risque global est faible.

L'effet de coût moyen du plan d'épargne en actions (PEA)

Vous le voyez, les ETFs sont une excellente chose. Ils combinent une large diversification, apportent un revenu passif constant et sont également lucratifs et peu coûteux. Ne serait-ce pas formidable si nous pouvions maintenant - comme par le passé avec le livret d'épargne, simplement déposer de l'argent chaque mois sur notre compte de dépôt et passer cette source de revenus en pilote automatique ? Cela est à portée de main avec un PEA !

Un PEA est idéal pour le développement à long terme de flux de revenus passifs et pour ceux qui ont un petit porte-monnaie ! Vous pouvez acheter des ETFs à partir de 25 euros par mois. Vous pouvez également définir une dynamisation du taux d'épargne. Cela augmente chaque année votre taux d'épargne du pourcentage de votre choix et génère un effet des intérêts composés supplémentaire ! C'est comme ça que j'ai commencé. J'économise actuellement 150 € par mois sur les PEA durables et le DAX. J'ai fixé une augmentation annuelle dynamique de 5 % des dépôts afin d'augmenter l'effet des intérêts composés et d'atteindre mon objectif plus rapidement ! Cependant, un PEA offre également un autre avantage qui est à peine connu - l'effet de coût moyen. Et ne vous inquiétez pas, il n'y a rien de très technique, cela reste pratique et applicable !

L'effet coût-moyen

En tant que débutant dans l'investissement boursier, je me posais beaucoup de questions au début de ma carrière de petit investisseur. Ce sont ces questions qui empêchent la plupart des gens de faire le premier pas. J'étais préoccupé par les questions suivantes :

- Dans quoi devrais-je investir ?
- Combien devrais-je investir ?
- Combien de temps devrais-je investir ?

J'ai toujours pensé que ce serait bien s'il y avait une stratégie qui permettrait - comme un pilote automatique, de prendre toutes les décisions à ma place. J'ai lu la solution à mon problème il y a quelques années dans un article du journal « der Zeit ». Il présentait les ETFs comme une solution de rechange pratique et peu coûteuse aux actions. Les recherches que j'ai faites afin de rédiger un article de blog, m'ont finalement amené au terme « effet coût-moyen ». Un phénomène encore relativement méconnu de la plupart des investisseurs d'ETF, même s'il contribue dans une mesure non négligeable à leur succès ! Avec un PEA, vous bénéficiez de cet effet. Il vous permet d'atteindre la liberté financière en mode pilote automatique en quelques années seulement, selon le montant que vous êtes prêt à investir chaque mois.

L'effet de coût moyen est un sous-produit d'un plan d'épargne à long terme. Vous profitez à la fois de la baisse et de la hausse des cours de vos ETFs. Par exemple, si vous investissez 100 euros par mois dans un plan d'épargne, vous recevez automatiquement plus de parts si la valeur marchande s'est dévalorisée et a chuté au cours du mois. En revanche, si la valeur marchande a augmenté, vous achèterez relativement moins. À long terme, vous obtenez donc un prix d'achat moyen plus bas avec les ETFs !

Cela signifie également que les fluctuations de prix peuvent conduire à des bénéfices vraiment élevés. Cependant, vous ne réaliserez ces profits que si vous êtes prêt à vendre certaines de vos sources de revenus passifs. Vous devez décider vous-même quand cela doit se produire, en fonction de vos préférences personnelles. De nombreux experts boursiers conseillent toutefois la patience avec les PEA et recommandent un horizon de placement de 10 à 15 ans afin d'obtenir les meilleurs résultats possible.

D'une part parce que vous pouvez profiter des hausses de prix à long terme et, dans le cas des ETFs de capitalisation, de l'effet des intérêts composés, et d'autre part parce que la part relative des coûts de transaction diminue avec le temps ou avec l'augmentation du volume d'investissement.

Un PEA est vraiment idéal pour se constituer des flux de revenus passifs à long terme et sans stress.

Fonds d'obligations et fonds de pension ETFs : préparer sa retraite

Pour tous ceux qui veulent accumuler des actifs à long terme équivalents à un deuxième revenu de retraite, les fonds de pension ETFs et les fonds d'obligations sont des outils intéressants. Un tiers de tous les fonds d'obligations sont également des fonds indiciels gérés passivement (ETFs). J'ai ajouté ces stratégies à ce livre parce que tout indique que les jeunes générations ne recevront qu'une retraite très faible, voire aucune retraite. Il est donc plus important que jamais de faire ses propres provisions et d'avoir un plan B dans sa poche pour se préparer au pire. Je pense que les fonds de pension ETFs sont une excellente stratégie pour profiter du marché boursier en parallèle de sa vie active. Thomas Müller et Alexander Coels affirment dans leur «Börsenbuch» (en français : Livre des Bourses) que le DAX atteindra 100 000 points d'ici 2039 ! Les auteurs se réfèrent à leur analyse des données historiques de l'évolution de la valeur du cours, qui montre une augmentation annuelle de la valeur d'environ 10 % par an. Pour moi, cette affirmation est également réaliste parce que l'ensemble de notre système est basé sur la croissance économique. Dès que notre économie cesse de croître, le château de cartes s'effondre et le monde avec. La politique et l'économie essaieront d'empêcher cela par tous les moyens. Si vous êtes un investisseur très conservateur, orienté vers le long terme et que vous souhaitez préparer votre retraite en vous constituant un petit capital, les fonds de pension ETFs ou même les fonds d'obligations (qui comprennent habituellement des obligations d'Etat et d'entreprise) sont un excellent outil.

Elles sont aussi des sources de revenus passifs qui capitalisent ou distribu-ent les rendements. À mon avis, les ETFs de capitalisation et les fonds d'ob-ligations conviennent mieux à l'accumulation d'actifs à long terme parce que vous profitez directement de l'effet des intérêts composés.

Recommandation de fonds d'obligations et les fonds de pension ETFs :

Deka-Nachhaltigkeit Renten CF ; géré activement
→ *ISIN : LU0703711035.*

Kepler Ethik Rentenfonds ; géré activement → *ISIN : AT0000815006.*

Liga-Pax-Rent-Union ; géré activement → *ISIN : DE0008491226.*

Superior 1 Ethik Renten ; géré activement → *ISIN : AT0000855606.*

Amundi ETF GB HR €MTS IG ; ETF (passif) → *ISIN: FR0010892190.*

iShares V Spain Gvt Bd UE EUR ; ETF → *ISIN : IE00B428Z604.*

Veuillez noter que certains de ces fonds sont gérés activement et qu'ils entraînent donc des coûts plus élevés. Ils exigent également des agios, que vous devez compenser avec votre rendement avant même de générer des profits. Avec les ETFs, vous évitez ces coûts supplémentaires et faites confi-ance au marché plutôt qu'à un gestionnaire de fonds.

Emprunts obligataires - simple, sûr et automatisé !

Pendant mes études de Master, j'ai eu des cours d'« Asset Management ». L'objectif principal était de créer le meilleur portefeuille possible (rendement élevé, risque faible). Nous avons toujours considéré les obligations d'État comme des placements sûrs. Leur taux d'intérêt servait de variable constante dans le calcul des portefeuilles optimaux. Comme à l'époque j'étais déjà critique à l'égard du système monétaire et que je savais que les États pouvaient aussi faire faillite, j'ai toujours pensé que cette hypothèse était erronée. Néanmoins, mon implication dans la théorie du portefeuille m'a amené à examiner de plus près les obligations en tant qu'instruments de construction de revenus passifs. J'ai acquis des connaissances précieuses.

Premièrement :
Les obligations sont légèrement moins risquées que les actions. Toutefois, elles sont également soumises aux fluctuations du marché et des cours. Elles servent aux entreprises et aux États à se financer.

Deuxièmement :
Les obligations sont des placements dont vous connaissez le taux d'intérêt depuis le début. Cela signifie que vous connaissez déjà le montant du remboursement lorsque vous faites votre investissement. Vous recevez chaque mois le paiement des intérêts par rapport au montant que vous avez investi et, à l'échéance, vous percevez votre capital investi majoré des intérêts. Ce remboursement peut donc être assimilé au remboursement d'une dette résiduelle.

Troisièmement :
Au sein de la classe des obligations, une distinction est faite entre les obligations d'Etat et les obligations d'entreprises. Pendant longtemps, on a supposé que les premières étaient sûres à 100 %.

C'était la base de l'idée fausse selon laquelle les États ne pouvaient pas faire faillite (bien que cela se soit produit à maintes reprises au fil des siècles !). Il en va de même pour les entreprises. En termes simples : les obligations peuvent également être annulées ! Toutefois, ce risque peut être diversifié en achetant plusieurs obligations avec des risques variables et des échéances différentes.

Quatrièmement :
Vous pouvez générer, au fil du temps, à titre indicatif, un rendement d'environ 5 % par an avec les obligations.

Cinquièmement :
L'horizon de placement pour les obligations à court terme est compris entre 2 et 6 ans et pour les obligations à long terme à plus de 6 ans. Ici aussi, n'hésitez pas à bien diversifier ! Plus vous vous diversifiez, moins vous prenez de risques et plus vos paiements seront constants.

Sixièmement :
Les obligations à long terme signifient une immobilisation de capital plus longue, un risque de taux plus élevé et donc des rendements plus élevés. Les obligations à court terme sont soumises à un risque de taux plus faible, mais aussi à des rendements plus faibles.

Septièmement :
Les cours des obligations augmentent avec la baisse des taux et diminuent avec leur hausse.

Une immobilisation de capital à long terme peut être particulièrement problématique en période de faibles taux. Si les taux d'intérêt augmentent, celui que vous aviez convenu avec la partie qui vous a émis l'obligation devient alors moins attrayant pour vous. Enfin, les nouvelles obligations offrent des taux d'intérêt plus élevés, ce qui explique que les émetteurs préfèrent les investisseurs détenteurs d'anciennes obligations (avec des taux plus bas et la même période d'investissement (restante)).

Vous ne pouvez profiter de leur hausse que si vous vendez vos obligations (généralement à perte). Toutefois, les obligations figurent toujours parmi les titres les plus sûrs après les comptes épargne à terme. Par conséquent, elles ne devraient pas manquer à votre portefeuille. Cependant, comme il s'agit de sources de revenu passif plus petites, je voulais trouver une solution pour ne pas devoir investir trop de temps et pour automatiser mon travail autant que possible. En outre, cette stratégie devrait également avoir un rapport risque/rendement équilibré. Une stratégie éprouvée qui combine ces aspects est dite du « Bond-Ladder » ou stratégie de gestion (basée sur la stratégie du gestionnaire de comptes épargne à terme).

Le Bond-Ladder

Avec les obligations, vous obtenez plus de rendement qu'avec l'argent au jour le jour, mais vous « payez » ceci avec une liquidité réduite. Cela signifie que vous ne pourrez pas avoir accès à votre argent pendant la durée du contrat ou seulement en cas de pertes importantes. L'astuce pour réduire ce déséquilibre est d'investir dans des obligations de différentes échéances. Cela garantit une plus grande liquidité (flux de revenus passifs) et réduit en même temps votre risque. Pour ce faire, vous divisez d'abord le montant de votre investissement obligataire en 3 à 5 tranches égales (parts).

LES BOND-LADDER

© CHRISTOPHER KLEIN, TIRÉ DU LIVRE "ADIEU MÉTRO-BOULOT-DODO"

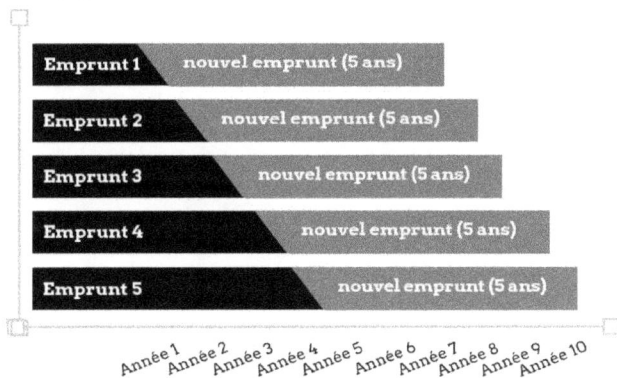

Emprunt 1	nouvel emprunt (5 ans)
Emprunt 2	nouvel emprunt (5 ans)
Emprunt 3	nouvel emprunt (5 ans)
Emprunt 4	nouvel emprunt (5 ans)
Emprunt 5	nouvel emprunt (5 ans)

Année 1 Année 2 Année 3 Année 4 Année 5 Année 6 Année 7 Année 8 Année 9 Année 10

Vous créez ensuite des tranches avec des échéances différentes. Par exemple, les échéances des obligations pourraient être de 1, 2, 3, 4 et 5 ans. Si vous êtes plus enclin à prendre des risques, les intervalles peuvent être plus longs (p. ex. 2, 4, 6, 8 et 10 ans). Lorsque la première tranche expire après un an, vous réinvestissez dans une nouvelle obligation avec l'échéance maximale de votre choix (dans notre exemple 5 ans). L'année suivante, la deuxième tranche expire et vous ajoutez une autre obligation avec l'échéance maximale que vous avez déterminée. Au cours de la troisième année, la troisième tranche expire et vous répétez la stratégie. Je pense que vous comprendrez bientôt ce principe. Avec l'aide de cette stratégie, vous profitez à partir de la 5ème année de taux d'intérêt plus élevés, en raison d'une échéance plus longue, mais sans avoir dû vous passer de liquidité !

L'échelonnement des obligations combine les avantages d'une liquidité élevée et d'une augmentation constante des flux de revenus passifs (rendements) avec un risque diversifié. Si la BCE relève les taux directeurs, vous pouvez réagir rapidement. Avec une liquidité qui devient disponible à intervalles réguliers, vous pouvez toujours acheter de nouvelles obligations à des taux d'intérêt plus élevés. L'échelonnement des obligations vous garantit un flux de trésorerie continu assez sûr et est donc un instrument formidable et extrêmement simple pour vous constituer un autre flux de revenus passifs.

Crowdinvesting : se construire un portefeuille de start-up

Le « crowdinvesting » est une toute nouvelle façon de se constituer un revenu passif avec son propre portefeuille. Le terme « crowdinvesting » est dérivé de la forme la plus connue de crowdfunding, mais n'a pas grand-chose à voir avec ce terme. Dans le cas du crowdfunding (financement participatif), une large communauté finance la réalisation d'un projet. Avec le crowdfunding, votre investissement est synonyme d'action caritative, de don. Les récompenses sont souvent des produits de l'entreprise que l'investisseur est l'un des premiers à recevoir. En fonction du montant de l'investissement, des rencontres personnelles ou autres sont également proposées en retour. La contrepartie n'est donc pas monétaire. À l'inverse du crowdinvesting. Ici, la contrepartie consiste en l'acquisition d'une part de la société - une action ! En tant qu'investisseur, vous pouvez profiter des bénéfices (potentiels) de l'entreprise ainsi que des gains suite à une éventuelle vente de la société à des investisseurs importants. Il y a quelques années à peine, ce type d'investissement était réservé à des investisseurs à gros capital (comme par ex. les Business Angels et les investisseurs en capital-risque). Après tout, cette forme de financement est une excellente alternative pour les jeunes entreprises en particulier pour mettre en œuvre des idées de business de manière rentable et sans devoir faire appel à un capital extérieur coûteux. Pour les petits et moyens investisseurs comme vous et moi, le crowdinvesting est une belle opportunité de se constituer un autre pilier de revenu passif. Un pilier qui jusqu'à présent n'a guère été utilisé et qui promet des rendements extrêmement lucratifs. Cependant, vous devez également savoir que cette stratégie d'investissement est plus risquée. Après tout, vous pouvez perdre votre argent si l'entreprise ne réussit pas et fait faillite. Vous vous mettez donc dans le capital-risque. Un conseil, valable aussi pour tous les autres placements : n'investissez pas d'argent dont vous pourriez avoir besoin dans un avenir proche !

Comment fonctionne le crowdinvesting ?

Les fondateurs, les start-up ou les jeunes entreprises choisissent d'abord l'une des nombreuses plateformes d'investissement en ligne. Ils se présentent, introduisent l'entreprise, l'idée qu'ils ont et, en général, leur business plan. En outre, le montant minimum qu'ils souhaitent recueillir (montant minimum de financement) est indiqué. Les informations fournies par les entrepreneurs à la recherche de capital sont ensuite vérifiées par la plateforme de crowdinvestig. Ce n'est que si le résultat est positif que la demande sera effectivement mise en ligne. Si le montant minimum de financement est atteint par les crowdinvestors avant l'échéance fixée, le financement est stoppé et l'argent recueilli est reversé aux entrepreneurs. Si cela ne se produit pas, l'investisseur récupère son argent. En cas de financement réussi, les investisseurs reçoivent régulièrement des informations de la part des sociétés concernées sur le cours actuel des affaires. Si l'entreprise se développe avec succès, les investisseurs reçoivent une contribution au bénéfice (rendement) promise par le demandeur de capital.

Les termes à connaître

Placement minimal
Selon la plateforme choisie, différents montants de placement minimal sont requis. Ceux-ci peuvent varier de 5 euros (Companisto) à 250 euros (Seedmatch).

Période de financement
Le montant minimum de financement doit être atteint avant la fin de cette période pour que l'argent recueilli soit reversé aux entrepreneurs. Dans des cas particuliers, les périodes peuvent être prolongées.

Période minimum
La durée minimale de l'investissement varie d'une entreprise à l'autre en fonction du modèle économique et du business plan qui ont été choisis.

Les durées s'échelonnent fréquemment entre 2,5 et 6 ans.

Type d'investissement

En plus des bons de participation et des prêts participatifs, les partenariats « à l'amiable » sont le plus souvent proposés. Il s'agit d'un mélange de financements interne et externe, qui ne donne cependant pas lieu à un droit de regard actif dans la gestion de l'entreprise. Toutefois, ils motivent une participation financière aux produits de la vente et aux bénéfices de l'entreprise (sans versements supplémentaires).

Mes conseils pour investir intelligemment avec le crowdinvesting

Moi-même, je n'ai que récemment commencé à utiliser le crowdinvesting. À cet égard, mon expérience et mes recommandations sont (encore) limitées. Je peux déjà vous confirmer qu'il est très amusant et facile de se construire son propre portefeuille de start-up. Je trouve formidable de pouvoir investir mon argent - en fonction de mes préférences personnelles, dans des idées que je considère comme pertinentes, avant-gardistes et utiles.

À mon avis, il est cependant au moins aussi important de bien se renseigner sur les start-up dans lesquelles vous souhaitez investir. En plus de l'idée, il y a également les données que les entreprises doivent obligatoirement fournir aux plateformes d'investissements collaboratifs afin de contribuer à la transparence de l'information. Elles doivent notamment communiquer leur business plan, le produit / service qu'elles souhaitent vendre et le besoin auquel il répond, leur modèle économique, leur proposition commerciale unique (Unique selling proposition), le groupe cible et les (futurs) partenaires commerciaux, le volume du marché ciblé, la description de la situation actuelle du marché, les opportunités futures, leur analyse SWOT, l'utilisation qui sera faite des fonds recueillis via le crowdinvesting, leurs brevets et certifications et, enfin et surtout, l'équipe.

Si, après lecture, ces facteurs me conviennent, alors j'investis.

Cependant, comme je suis encore en phase d'apprentissage, je ne fais actuellement que de petits investissements de 50€ - mais ceux-ci sont nombreux. Cela garantit une fois de plus une diversification croissante du portefeuille et, en même temps, me permet d'acquérir une expérience précieuse. Ces expériences pratiques, combinées à d'autres stratégies de revenu passif, créent une courbe d'apprentissage ascendante. Cela devrait également être votre approche. Plus vous acquérez d'expérience pratique, plus vous serez en mesure de faire les « bons » investissements à l'avenir. Quels conseils devez-vous retenir impérativement ?

N°1 - Les débutants peuvent investir beaucoup, mais plutôt des petites sommes et dans des entreprises très différentes. Diversifiez le plus possible vos placements. Le principe de base de la diversification s'applique princi-palement à cette forme de revenu passif plus risquée, car les pertes dues aux défauts de paiement sont plus que certaines ! Encore une fois, toutes les pommes ne devraient pas être mises dans le même panier. Plus vous multipliez le nombre de paniers (d'entreprises) dans votre portefeuille, moins vous subirez de pertes !

N°2 - Je pense qu'il est préférable, surtout au début, d'investir dans les idées dans lesquelles vous avez déjà une certaine expérience / connais-sance.

N°3 - Une bonne méthode pour évaluer l'idée de l'entreprise est de se mettre à la place du client qu'elle cible. Consommeriez-vous ou utilise-riez-vous le produit ou le service ?

N°4 - Le principe du financement participatif est étroitement lié au phé-nomène de l'intelligence collective. Cela signifie qu'il est logique d'investir là où d'autres investisseurs ont déjà investi de l'argent. Cela augmente non seulement la « preuve sociale » de l'entreprise, mais aussi le capital total avec lequel la start-up peut fonctionner. Cette liquidité accrue augmente énormément les chances de succès !

N°5 - Lorsque vous faites votre investissement, recherchez les récompenses supplémentaires qu'offre l'entreprise dans laquelle vous investissez (primes, bons de réduction, etc.). Elles améliorent directement le rendement de votre investissement, et vont généralement de pair avec des montants minimums d'investissement légèrement plus élevés.

N°6 - Je trouve particulièrement bien qu'il n'y ait pas de frais de transaction pour les investissements et que, par conséquent, les investissements plus petits soient tout aussi utiles que les investissements plus importants.

Qu'elle est ma stratégie ?

Je me considère comme une personne paresseuse, j'essaie ainsi de limiter au maximum le nombre de décisions qui m'affectent quotidiennement. C'est exactement la raison pour laquelle j'ai voulu automatiser autant que possible mes investissements participatifs.

Chaque début de mois, je consacre une demi-journée à mes sources de revenus passives. Ensuite, je décide également de mes nouveaux crowdinvestments (investissements participatifs). J'investis 150€ par tranches de 50€ dans trois start-up différentes. Je m'assure que les trois investissements appartiennent à des industries différentes et ont des rendements différents (faible, moyen et élevé). Le facteur social joue également un rôle important pour moi. J'essaie d'investir dans des entreprises qui ont les mêmes valeurs que moi ! À l'avenir, j'inclurai également la durée minimale de l'investissement dans ma prise de décision. Avec cela, j'essaie de transposer le principe des échelles d'obligations au crowdinvesting. Cela afin d'assurer un mélange entre une liquidité élevée et un flux de trésorerie passif constant. De cette façon, un portefeuille diversifié avec un rapport risque/rendement adapté à mes besoins se développe au fil du temps.

Cependant, gardez bien à l'esprit que cette stratégie reste un exemple adapté à mes préférences individuelles en matière de risque/rendement et à mon budget. Il se peut que vous ayez des préférences complètement différentes et que vous choisissiez une autre stratégie. Je voudrais également souligner que pour l'instant, encore trop peu d'opportunités d'investissement sont offertes sur les plateformes de crowdinvesting.

Avant de vous donner une vue d'ensemble de quelques plateformes déjà bien établies, je souhaite vous avertir. L'investissement participatif peut être particulièrement addictif et vous pourriez rapidement développer une frénésie d'achats ! Fixez-vous donc à l'avance le montant que vous voudriez investir et tenez-vous à cette somme comme vous le feriez avant d'aller faire du shopping. Sinon, il se pourrait bien que vous vous rendiez compte une fois arrivé à la caisse, que vous avez mis des choses dans le panier que vous ne vouliez pas acheter ou qui dépassent votre budget !

Plateformes recommandées :

- **Companisto** → Investissement minimum : 100 €.
- **Wiseed** → Investissement minimum : 100 €.
- **Conda** → Investissement minimum : 100 €.
- **FunderNation** → Investissement minimum : 100€.
- **Dividom** → Investissement minimum : 500 €.
- **Lymo** → Investissement minimum : 1 000 €.

Des revenus passifs avec les prêts entre particuliers (prêts P2P)

La digitalisation ne révolutionne pas seulement notre vie quotidienne, elle bouleverse aussi le marché financier et des industries entières. Cela inclut le secteur bancaire, qui a de toute façon subi une métamorphose impressionnante au cours des derniers siècles. Du troc aux métaux précieux en passant par le papier pour finir par la monnaie entièrement numérique, celle-ci n'étant plus qu'un numéro dans un système informatisé. Toutefois, les prêts traditionnels continuent d'être l'un des piliers les plus importants du système bancaire. Les banques ont longtemps eu une position de monopole sur cette source de revenus. Cependant, le développement impressionnant du « Peer-to-Peer Lendings » (P2P) pourrait changer l'ordre établi. Cette façon de prêter de l'argent est encore très peu connue en France. Les prêts P2P offrent la possibilité de combiner, rendements élevés, engagement social et permettent même de s'affranchir des banques.

Les prêts P2P sont, en effet, des prêts directs d'individu à individu. Les transactions sont traitées via des plateformes numériques, ce qui permet de laisser les banques (et leurs frais parfois exorbitants) sur la touche. Comme partout dans l'économie, le principe de base de l'offre et de la demande s'applique également aux prêts. Dans de nombreux pays, la demande de crédits est élevée, mais l'offre laisse souvent à désirer.

La stratégie des taux d'intérêt bas des grandes banques centrales du monde entier finit par nous aveugler. Nous supposons alors que toute l'Europe profite de cela. Bien que cela soit en partie vraie en ce qui concerne le refinancement des États, ce n'est pas valable avec les prêts destinés aux particuliers. Dans de nombreux pays européens économiquement moins forts, comme dans les Balkans, il est difficile pour les particuliers d'obtenir des prêts bancaires à des taux d'intérêt inférieurs à 10 %. Alors que ces derniers en rêveraient, les Français, eux, en tant qu'investisseurs, ne pourraient obtenir de tels rendements qu'à travers des investissements à haut risque.

Cela crée donc une situation dont les deux parties pourraient bénéficier.

Cette forme très directe de revenu passif m'a immédiatement séduit. C'est pourquoi j'ai déjà investi, au cours de l'écriture de ce livre, plus de 2 250 € sur 3 différentes plateformes (Twino, Bondora et Mintos). Je souhaitais, à travers cela, acquérir une première expérience et finalement décider, sur la base de ces valeurs, où mon argent serait le mieux placé et le plus lucratif à long terme. Je n'ai pas investi d'argent sur la plateforme allemande Auxmoney. Il y a trop de publicité à mon goût. Par ailleurs, cette dernière facture des frais et le montant minimum d'investissement (25€) est significativement plus élevée que sur d'autres plateformes. Cela a un effet négatif sur les possibilités de diversification. Sur Mintos, j'ai mis en place un ordre de virement mensuel permanent de 50 €. Ce montant d'épargne mensuelle me garantit une courbe d'intérêts composés encore plus dynamique grâce à l'option d'investissement automatique que propose, d'après moi, la meilleure plateforme de P2P Lendings à l'heure actuelle.

Description en 3 étapes du fonctionnement des prêts P2P

1. Dans un premier temps, vous devez ouvrir un compte sur une ou plusieurs plateformes qui conviennent au mieux à vos préférences. Ensuite, en utilisant votre Investor-ID (numéro d'identifiant d'investisseur), vous pouvez déposer de l'argent par virement bancaire.

2. Vous pouvez ensuite prêter votre argent sous forme de crédits. Vous pouvez le faire manuellement en analysant vous-même les prêts et les emprunteurs et en décidant si vous voulez y placer votre argent, ou en utilisant la fonction d'auto-investissement.

3. Si vous voulez récupérer votre argent, vous pouvez le virer à tout moment sur votre compte. Si vous voulez récupérer l'argent de plusieurs crédits, vous avez deux options.

Vous pouvez attendre jusqu'à ce que les prêts aient été remboursés (intérêts + amortissement) et vous virer l'argent. Pour ce faire, il est important de désactiver la fonction d'auto-investissement. Vous pouvez également vendre vos prêts sur le marché secondaire et obtenir votre argent plus rapidement. Mais cela va souvent de pair avec des pertes financières !

Les termes à connaître

First invest

Après vous être inscrit sur la plateforme, vous devez y déposer de l'argent. Dès que cela a été fait, vous pouvez commencer à le prêter.

Reinvest ou Autoinvest

Cela signifie investissement automatique. Vos « gains » (intérêts et amortissements) sont automatiquement réinvestis avec le montant minimum d'investissement que vous avez fixé et génèrent ainsi un effet d'intérêts composés. Le but de l'investissement passif ! Bien entendu, vous pouvez également choisir manuellement les prêts dans lesquels vous souhaitez investir. Mais cela signifie beaucoup de travail actif et donc du temps que je préfère économiser.

Montant du financement

Le prêt n'est accordé que si le montant total de la demande de prêt peut être recouvré (c'est-à-dire si le prêt est entièrement capitalisé). C'est l'autre raison pour laquelle j'aime la fonction d'auto-investissement. Sinon, je devrais trop souvent passer beaucoup de temps à trouver des prêts finalement non financés et à chercher de nouvelles opportunités d'investissement.

Score/Rating/Solvabilité

L'emprunteur est noté par les sociétés de notation financière. Toutefois, chaque plateforme a recours à des organismes différents.

Une première évaluation de la solvabilité de l'emprunteur est donc exécutée sur la base de ratios individuels. C'est important pour pouvoir évaluer le risque des investissements.

Fournisseurs de prêts

Ce sont ceux qui ont initialement organisé les prêts. Une meilleure expression serait donc les fournisseurs de prêts. Ils vendent ensuite les prêts aux investisseurs par l'intermédiaire des plateformes.

Risque de l'émetteur

Il s'agit du risque de faillite des nombreuses plateformes P2P. Si l'opérateur de la plateforme devenait insolvable, tout votre argent pourrait également disparaître. Pour éviter que cela ne se produise, l'argent investi sur les plateformes des opérateurs est souvent protégé par la loi sur l'insolvabilité. Un administrateur judiciaire ou un liquidateur s'occupe de ce type de problèmes. De plus, votre argent non investi est couvert par la « protection des dépôts » du pays concerné. Ce n'est cependant pas une garantie à 100 % que vous puissiez récupérer votre argent si le pire venait à se produire !

Retard

De nombreux débutants en P2P sont pris de panique la première fois lorsqu'ils constatent les premiers retards de paiement des emprunteurs. En fait, ce n'est pas si grave, car il arrive souvent que plusieurs mois d'arriérés soient payés en une seule fois. Vous recevez également des intérêts de retard pour la période !

Défaut

Le grand risque avec les prêts P2P est que les emprunteurs fassent défaut. C'est pourquoi il est important de répartir votre investissement le plus largement possible !

Liquidité

Elle dépend de la durée que vous fixez pour vos investissements. Plus l'échéance est longue, plus la liquidité est faible.

Toutefois, vous pouvez toujours vendre vos placements sur le marché secondaire (mais généralement à perte). Ainsi, si vous voulez assurer une liquidité élevée, vous ne devriez investir que dans des prêts qui ont une échéance (restante) courte.

Paramètre
Plusieurs facteurs sont importants pour vous ou votre rapport risque/rendement lors de l'octroi de prêts personnels. Selon la façon dont vous les choisissez, vous avez soit un risque élevé avec un rendement élevé, soit un risque faible avec un rendement faible.

LTV (loan to value)
C'est le taux d'emprunt (valeur d'emprunt) ou la valeur du prêt par rapport à la garantie fournie (par ex., une mai son ou une voiture). Le calcul est simple, il suffit de diviser la taille du prêt par la taille de la valeur. Plus le crédit est élevé par rapport à la valeur, plus le risque de l'investissement est élevé !

La valeur du portefeuille (recherchée)
Elle devrait toujours être plus élevée afin que l'argent soit automatiquement réinvesti et ne reste pas inutilisé sur le compte.

Taux d'intérêt
Peut-être paramétré individuellement par vous sur la plupart des plateformes. Une chose est claire : plus le taux d'intérêt que vous fixez est élevé, plus le risque de défaillance est élevé et vice versa.

Marché primaire et secondaire
Sur le marché secondaire, vous pouvez acheter des prêts que d'autres personnes vendent. Sur le marché secondaire, se retrouvent souvent des prêts avec des retards de paiement, ou dont quelqu'un veut se débarrasser parce qu'il veut liquider son investissement. Vous pouvez également y vendre vos crédits plus chers ou à perte.

Certaines personnes se sont spécialisées dans ce type d'investissement actif et obtiennent des rendements astronomiques. Les profits peuvent être réalisés immédiatement. Cependant, cela augmente non seulement le risque, mais aussi l'investissement en temps dont vous avez besoin !

Garantie de rachat

Sur certaines plateformes, comme Mintos et Twino, vous pouvez investir dans des prêts avec une garantie de rachat. Cela présente l'avantage que la plateforme vous rachète le prêt si un retard de paiement (par exemple supérieur à 30 jours) est survenu chez l'un de vos emprunteurs. Pour cette période, vous recevez même des intérêts et des intérêts de retard.

Systèmes de calcul des rendements

Chaque plateforme effectue son propre calcul des rendements. C'est pourquoi une comparaison n'est souvent possible qu'en le faisant vous-même. Vous n'avez besoin que des données suivantes : 1. Vos dépôts et retraits exacts sur la place de marché avec la date ; 2. Votre solde actuel. Pour que vous ayez le moins de travail possible, j'ai conçu un tableau Excel simple, que vous pouvez télécharger gratuitement.

Bonus

Télécharger le tableau excel ici : *https://bit.ly/2ALI4T4*

Notez cependant que le calcul du taux d'intérêt interne (XIRR) n'est réellement significatif qu'après un an, c'est-à-dire lorsque vous avez déjà laissé votre capital travailler pour vous pendant un certain temps. J'obtiens actuellement un rendement net impressionnant de 12 %, déjà calculé pour les trois plateformes.

Mes conseils pour un investissement P2P intelligent

1. N'investissez pas plus de 5 % de vos actifs sur une seule plateforme. En général, le risque est trois fois plus élevé avec les plateformes P2P. Les plateformes, les fournisseurs de prêts et les emprunteurs peuvent faire faillite ! Par conséquent, assurez-vous de diversifier vos activités sur plusieurs plateformes afin de réduire les risques.

2. Respectez la loi non écrite, à savoir ne pas investir plus de 1 % de la valeur de votre portefeuille dans un seul projet ou prêt. Diversifier vos prêts, par exemple, en investissant 1 % de votre investissement total par prêt (min. 5 €) sur la plateforme. Cela garantit une diversification la plus large possible. Même si les petites sommes investies réduisent généralement le risque, elles augmentent de façon exponentielle les efforts nécessaires pour les gérer. En outre, nous voulons générer des revenus passifs et non actifs. C'est pourquoi un degré de diversification d'1 % est tout à fait suffisant ! Vous n'avez donc pas à viser une diversification maximale en poussant jusqu'au bout le principe de l'investissement minimum ! À vous ici, selon l'expérience que vous ferez, de définir vos limites.

3. Ajustez régulièrement les paramètres que vous avez sélectionnés.

4. Les impôts : obtenez une confirmation du bureau des impôts que vous payez vos impôts en France, sinon vous devrez les payer à l'étranger (par exemple en Lettonie), et vous ne pourrez plus les récupérer !

5. Fixez une taille de portefeuille plus grande que le montant que vous investissez actuellement afin que la fonction d'auto-investissement vous permette d'atteindre le montant désiré. Sinon, ce mécanisme s'arrêtera trop tôt et risque de ne pas réinvestir !

6. Personnellement, j'ai seulement investi dans les plateformes qui offrent la fonction d'auto-investissement. Je n'ai pas envie d'investir activement, mais plutôt d'obtenir un revenu passif !

7. Ne vous inquiétez pas si les prêts sont annulés. Tant que le rende-ment moyen est bon, cela n'a pas d'importance et peut arriver ! En France aussi, les emprunteurs font défaut et les montants résiduels doivent être amortis. N'oubliez pas que nous nous intéressons principalement aux taux d'intérêt. Ainsi, si notre investissement est petit (petit investissement mini-mum), nous pouvons récupérer notre investissement dans un délai d'un an grâce aux intérêts. Tout ce qui vient s'ajouter à cela n'est que du bonus (+ l'amortissement à la fin). Vous apprenez ainsi comment fonctionne l'acti-vité de prêt traditionnelle des banques.

8. Si vous avez une présence en ligne ou sur les réseaux sociaux, vous pouvez également augmenter votre rendement via des liens d'affilia-tion sur les plateformes respectives. J'utilise cette technique. Si vous vous inscrivez pour une plateforme P2P en utilisant l'un des liens ci-dessous, je recevrai une petite commission. Cela n'a que des avantages pour vous, et c'est un soutien supplémentaire pour moi.

4 plateformes fortement recommandées :

En conclusion, je vous présenterai brièvement quatre plateformes qui sont d'après mes recherches et mes expériences particulièrement brillan-tes. Elles sont sérieuses, offrent la fonction d'auto-investissement et une interface utilisateur conviviale. Étant donné qu'il existe déjà plus de 70 pla-teformes P2P en Europe, le sérieux est particulièrement important pour moi, car malheureusement, il y a aussi des moutons noirs.

Twino:
Compte gratuit. Réglages individuels possibles.

Investissement minimum :	*10 euros*
Frais :	*aucun*
Garantie de rachat :	*oui*

Mintos:

Compte gratuit. Réglages individuels possibles.

Investissement minimum :	*10 euros*
Frais :	*aucun sur le marché primaire, 1 pour cent de frais lors de la vente sur le marché secondaire.*
Garantie de rachat :	*oui*

Grâce à mon lien, vous recevez 1 % de votre premier dépôt en cadeau de la part de Mintos et je touche une petite commission. Lien d'inscription : *www.mintos.com/en/l/ref/53WHJB*

Ces deux plateformes ont une particularité. Les prêts sont préfinancés, ce qui signifie qu'ils sont déjà en cours. Vous achetez donc des parts de prêts déjà accordés. Cela signifie que vous recevez des intérêts immédiatement après l'investissement. Il est à noter que de nombreux prêts sont présents à la fois sur Mintos et sur Twino en parallèle. Cela pourrait créer un risque de regroupement, ce que j'accepte avec les très petits investissements individuels que je fais. Comme les plateformes de crédit elles-mêmes détiennent toujours une partie du risque (part propre d'environ 5 %), on ne trouve guère de mauvais crédits ici.

Bondora:

Compte gratuit. Le plus simple pour le mode auto-investissement.

Investissement minimum :	*5 euros*
Frais :	*aucun, seuls des frais de traitement seront déduits des intérêts de retard*
Garantie de rachat :	*non*

Lien d'inscription : *https://bondora.com/ref/BO1A54357* (via ce lien, vous recevez 5 euros gratuits et je touche une petite commission).

Viventor :

Compte gratuit.

Investissement minimum :	*10 euros*
Frais :	*0 euro si l'investissement est supérieur à 12 mois*
Garantie de rachat :	*non*

Aucune de ces plateformes n'offre le système de préfinancement. Cela signifie que le crédit n'est accordé que si le prêt est également réapprovisionné. Ainsi, pour maintenir une charge de travail faible, vous ne devriez investir que dans des prêts qui sont déjà bien remplis. Vous pouvez alors supposer qu'ils se rempliront complètement au cours de la période restante et qu'ils finiront par être financés.

Avec toutes ces informations, vous devriez maintenant être en mesure de peser le pour et le contre de cette méthode d'investissement. Si votre bilan est positif, vous ne devriez plus hésiter longtemps avant d'ouvrir un compte, d'investir et de vous constituer un autre flux de revenus passifs.

Investissez dans votre éducation et vos compétences !

« Choisissez d'abord une idée claire, une idée réalisable - un but.
Puis, donnez-vous les moyens nécessaires pour atteindre cet objectif : connaissances, argent, matières premières et méthodes. Enfin, utilisez tous vos moyens pour atteindre le but. »

Aristoteles

Vous êtes devenu de véritables experts financiers. Le savoir-faire que vous avez acquis jusqu'à présent dépasse nettement celui de la plupart des étudiants en économie (je le sais de par ma propre expérience).

Pour moi, un processus d'apprentissage se compose toujours de deux parties. Premièrement, nous devons avoir des connaissances théoriques sur le processus et notre objectif, et deuxièmement, toutes les connaissances théoriques du monde ne nous aideront pas tant que nous n'aurons pas les compétences pratiques pour les mettre en œuvre. Bien que nous nous appuyions sur des sources externes comme les livres ou les vidéos (connaissances explicites) pour comprendre la théorie, nous ne pouvons engranger des compétences pratiques qu'en acquérant de l'expérience individuelle (connaissances implicites).

La combinaison des apprentissages théorique et pratique est donc l'une des caractéristiques les plus importantes des personnes qui réussissent. « Ceux qui savent lire, apprendre et mettre en pratique ce qu'ils ont appris, sont assurés de réussir dans leur vie ». Cela pourrait être la définition détaillée des personnes ayant le plus de succès dans le monde. Les personnes qui réussissent investissent davantage en elles-mêmes que la moyenne.

« Par-dessus tout, il faut investir en soi-même. C'est le seul investissement qui rapporte mille fois plus. »

Cette déclaration vient de Warren Buffet, le gourou de l'investissement. Investir en soi-même, c'est aussi s'ouvrir à l'idée de l'apprentissage tout au long de la vie. Ceux qui sont prêts à le faire généreront toujours du progrès et de la croissance et auront donc du succès dans la vie. Nous devrions donc investir une partie de notre argent en nous-mêmes, pour, par exemple, en apprendre davantage (théorie et pratique) sur les revenus passifs. Il peut s'agir de livres, de coaching, de cours, de formation continue, de séminaires ou de conférences. Ce « réinvestissement » en nous-mêmes génère une courbe d'apprentissage comparable à l'effet exponentiel des intérêts composés.

« Investir dans mon avenir a été l'investissement le plus gratifiant que je n'ai jamais fait », a déclaré Tucker Hughes. « Lisez au moins 30 minutes par jour. Écoutez des podcasts lorsque vous vous déplacez, et partez à la recherche de mentors. Vous ne devez pas seulement être un as dans votre domaine, mais aussi un génie polyvalent qui peut parler de tout, de la finance à la politique en passant par le sport. Devenez accro à la connaissance et mettez vos efforts pour apprendre dans tous les domaines. »

Les livres constituent le « self-investment » transversal le moins cher et souvent le plus rentable. Il est difficile de trouver une personne qui réussit et qui ne lit pas fréquemment et régulièrement. Warren Buffet, selon ses propres dires, lisait - à l'âge de 86 ans, entre 5 à 6 heures par jour !

Qui s'interroge encore sur son succès ?

Il est devenu l'une des plus grandes légendes de tous les temps en matière d'investissement. Ce n'est qu'une conséquence logique d'une expérience extrêmement vaste et d'une richesse intellectuelle extraordinaire. Ce n'est pas pour rien que dans le langage courant des Anglais, on retrouve le dicton suivant : « les lecteurs sont des leaders. » Par conséquent, assurez-vous de prévoir une période de lecture d'au moins 10 minutes par jour. Ce n'est pas grand-chose. Mais 10 minutes se transforment en une moyenne d'un livre par mois et de 12 livres par an.

Cela correspond au nombre de livres lus par la population d'Europe occidentale en l'espace de 5 ans ! Avec un temps de lecture d'une demi-heure par jour, vous liriez en an, autant que ce que la population moyenne lirait en 15 ans !

Si vous voulez atteindre votre objectif encore plus rapidement, vous pouvez même vous fixer l'objectif de lire un livre par jour. Avec un peu de pratique et certaines techniques de lecture rapide, il est possible de ne consacrer que 2h par livre. Si nous imaginons maintenant que chaque livre contient toujours au moins un aspect qui accélère notre développement, nous acquérons environ 30 nouvelles facettes chaque mois. Et chaque livre génère en nous croissance et progrès, les deux accélérateurs fondamentaux du succès.

Presque toutes les personnes qui ont réussi confirment également qu'elles avaient des enseignants ou des mentors qui étaient nettement meilleurs qu'elles. Ils étaient les points fixes et les aides à la motivation pour un développement constant. Leurs « étudiants » apprenaient mieux à leur côté et pouvaient ainsi, consciemment ou inconsciemment, se mesurer à eux.

De nombreuses études ont montré que notre revenu peut être calculé en faisant la moyenne des revenus de nos 5 meilleurs amis. Notre succès personnel ou professionnel est également équivalent au leur. Plus nos meilleurs amis ont du succès, plus nous avons du succès et vice versa ! Ainsi, nous apprenons et copions les personnes dont nous nous entourons le plus. Lorsque vous êtes dans un environnement concurrentiel qui est idéalement meilleur que vous, vous apprenez plus rapidement. L'environnement s'en charge tout seul. Votre environnement vous encourage à améliorer vos performances et vos compétences.

J'espère que ce court chapitre vous a fait comprendre à quel point il est important pour le développement de flux de revenus passifs de vous éduquer constamment. Aussi bien au niveau théorique que pratique.

Plus vous avez de connaissances dans ce domaine, plus il vous sera facile de générer des revenus de plus en plus passifs. Toutefois, l'accent devrait être mis sur le développement pratique. Je suis un grand fan de « l'apprentissage par la pratique ». Ce n'est que de cette manière que nous pouvons réellement acquérir une expérience pratique.

Alors, faites tout ce que vous pouvez pour créer et développer activement des flux de revenus passifs et votre temps d'attente avant d'atteindre la liberté financière va s'amenuiser considérablement !

Des revenus passifs grâce à la location

« Si vous allez avec confiance vers vos rêves et essayez de vivre la vie que vous voulez, vous connaîtrez un succès inattendu dans votre vie de tous les jours. »
HENRY DAVID THOREAU

Nous avons jusqu'à présent complètement ignoré une autre forme de revenus passifs. En plus des opportunités déjà présentées, il existe pour moi un troisième pilier. Les propriétaires fonciers génèrent également la plupart de leurs revenus de manière passive. Je trouve cela passionnant parce que cela combine beaucoup de formes d'investissement (en ligne, hors ligne, en capital). Cependant, j'ai acquis relativement peu d'expérience dans ce domaine jusqu'à présent. C'est pourquoi j'ai fait des recherches intensives et je vous les présente brièvement dans ce chapitre. Il faut aussi dire que gérer un parc immobilier exige de vous une certaine partie active de travail. Au sens strict du terme, il ne s'agit donc pas exclusivement de revenus passifs. Pour moi, l'investissement immobilier appartient donc à la catégorie hybride des « revenus actifs passifs ». Mais là aussi, nous pouvons essayer de réduire autant que possible notre charge de travail active grâce à une automatisation appropriée. Enfin, nous nous intéresserons au Grand Bouddha. Ses recommandations d'investissement sont intemporelles et je vis personnellement très bien financièrement depuis que je les suis.

La location d'objets de la vie courante

La location de marchandises que vous possédez déjà peut être une excellente source de revenus passifs complémentaires. Après tout, l'argent a déjà été dépensé. Plus l'article est utilisé, plus votre achat sera rentable. Les voitures le montrent particulièrement bien. Si vous achetez une voiture 25 000 euros et que vous vous rendez au travail tous les jours pendant 10 ans avec, alors que sinon vous auriez dû prendre le train, cela est certainement un investissement rentable. Ce que j'essaie de dire, c'est que la valeur d'un objet de la vie courante subit, surtout au début, directement après l'achat, les pertes les plus importantes. Si au lieu d'acheter une voiture neuve, vous en achetez une d'occasion pour seulement 5 000 euros, c'est encore mieux (en supposant bien sûr que la voiture durera 10 ans). Alors que votre voiture neuve vaudra environ 20 000 euros de moins dans 10 ans, celle d'occasion ne perdra pas plus de 3 000 euros de valeur. Si vous aviez fait tous les jours pendant 10 ans, du covoiturage avec des collègues pour vous rendre au travail (contre une petite somme), vous auriez non seulement compensé la perte de valeur de la voiture, mais vous auriez aussi financé le changement de pneus, les taxes et l'assurance automobile.

Je voudrais souligner que la valeur d'un article de la vie courante augmente (au sens figuré) avec la fréquence d'utilisation. Bien que cette présentation ne soit pas tout à fait parfaite sur le plan économique, elle clarifie mon point de vue. Ce mécanisme est également adapté à la constitution de flux de revenus passifs ! En plus de vous rapporter de l'argent, cette stratégie vous offre la possibilité de rencontrer de nouvelles personnes intéressantes, éventuellement de nouer des contacts d'affaires et, surtout, de défendre une consommation respectueuse de l'environnement en contrecarrant le modèle actuel. Toutefois, je dois également dire que je n'utilise pas toutes les méthodes présentées et que je ne peux donc pas donner d'évaluations stratégiques personnelles.

Cependant, la location d'objets (pas tout à fait) du quotidien est une approche simple pour activer un flux de revenus passifs supplémentaire.

Il s'agit, entre autres, des éléments suivants : livres, ustensiles de maison et de jardin, outils, films et accessoires de télévision, appareils photos, terminaux audio et vidéo, ordinateurs et consoles de jeux, jeux de société, accessoires pour fêtes et événements, électronique, équipements sportifs et de plein air, aides au transport et au déplacement, costumes et vêtements ainsi que des articles pour enfants et bébés. Ces articles peuvent être loués sur l'une des plateformes suivantes.

Plateformes :

allovoisins

Coûts :	gratuit avec options payantes
Particularités :	seul site 100% gratuit
Lien :	*https://www.allovoisins.com/*

zilok

Coûts :	25% de commission sur les frais de location.
Particularités :	s'adresse aussi bien aux particuliers qu'aux professionnels
Lien :	*https://fr.zilok.com/*

Place de la Loc

Coûts :	20% de commission sur les frais de location.
Particularités :	s'adresse uniquement aux particuliers
Lien :	*https://www.placedelaloc.com/*

☆ Procédure à suivre

01 S'enregistrer comme auto-entrepreneur si nécessaire (certaines plateformes le demandent).

02 Créer son profil (Nom et photo de profil).

03 Un compte vérifié augmente votre visibilité sur la plateforme.

04 Photographier les objets à louer.

05 Télécharger les photos et positionner l'annonce dans la bonne catégorie.

06 Rédiger une courte description de l'article.

07 Fixer un prix et éventuellement une caution (pour les articles de valeur).

08 Fixer la période maximale de location.

09 Communiquer des consignes claires aux clients afin de vous limiter au maximum la charge de travail pendant et après la location de l'objet.

10 Récolter l'argent et documenter vos revenus dans un petit tableau comptable (pour la déclaration d'impôt).

Je pense que vous trouverez chez vous spontanément quelques articles, qui ne vous servent qu'une fois l'an mais qui pourraient très bien être loués. Cela peut bien sûr aussi être le point de départ vers votre liberté financière. Cette méthode me semble, d'après mes recherches, avoir de bien meilleures perspectives financières. Il serait envisageable (à côté du travail ou des études) d'acquérir des objets populaires, bon marché et intemporels (par exemple, un château gonflable, une perceuse, une camionnette, etc.) et de les proposer à la location.

Louer sa voiture

Nous arrivons à l'objet fétiche des hommes en France, la voiture. La location de voiture n'est plus réservée aux grandes entreprises. Presque tout le monde peut louer son véhicule sur l'une des nombreuses plateformes. Ce type de location est également connu sous le nom d'autopartage (Carsharing). Le marché connaît une forte croissance ces dernières années. C'est pourquoi on retrouve également des prestataires commerciaux d'autopartage sur ce marché qui propose une large flotte de véhicules en toute simplicité et en toute sécurité via des applications (scouter, greenwheels, etc.).

Beaucoup de voitures sont inutilisées la plupart du temps. Aussi cette immobilisation engendre un coût important. En la louant, vous pouvez profiter des revenus de la location pour financer non seulement les taxes et les assurances, mais aussi les changements de pneus, les réparations et l'essence pour vos vacances. De l'argent pour lequel vous n'avez guère besoin de travailler et qui finance votre véhicule en pilote automatique.

Maintenant, j'entends déjà les sceptiques lever les yeux au ciel et dire : « Oui, mais que se passe-t-il si quelqu'un abîme ma voiture ? Qui paiera les réparations ? » Ça ne sera pas toi ! Chaque plateforme d'autopartage offre automatiquement et au minimum une couverture au tiers lorsque vous louez une voiture. En outre, le locataire doit signer un contrat de location (numérique) au plus tard lors de la remise des clés. Sur le plan juridique et actuariel, votre location est sécurisée via via des plateformes d'autopartage.

Plateformes

Drivy

Coût :	pas de frais d'inscription ou d'enregistrement
Particularité :	30 % de commission pour les locations réussies. Les locations sont assurées par Allianz. Simple d'utilisation avec l'application drivy.
Lien :	*https://www.drivy.com*

OuiCar

Coût :	inscription et utilisation gratuite de la plateforme.
Particularité :	30 % de commission pour les locations réussies. Son point fort : le contrat de location est édité automatiquement en ligne.
Lien :	*https://www.ouicar.fr*

Conditions

Il y a certaines plateformes qui demandent au loueur de respecter certaines consignes. Elles exigent, par exemple, que le bailleur soit en possession d'un permis de conduire valide, que le véhicule soit immatriculé en France et en tant que voiture de tourisme, qu'il soit en état de marche, etc. De plus, il est souvent exigé que la voiture n'ait pas plus de 20 ans et qu'elle ait moins de 200 000 kilomètres. Renseignez-vous donc à l'avance sur les conditions du prestataire d'autopartage.

☆ Procédure à suivre

01. Rédiger une annonce sur votre voiture : décrivez-la de manière aussi détaillée que possible, téléchargez des photos, fixez un prix de location par jour aussi compétitif que possible et indiquez les périodes durant lesquelles elle est à louer.

02. Mettre à jour régulièrement le calendrier des disponibilités.

03. Attendre les premières demandes de location, y répondre rapidement et organiser le déroulement de la location avec le preneur. Pour éviter de perdre du temps avec des demandes de location inappropriées, vous pouvez définir des conditions de location (par exemple, durée de location d'au moins 2 jours ; kilométrage : pas plus de 100 km par jour, pas de demandes de dernière minute, etc.).

04. Louer la voiture : vérifiez que le locataire possède le permis et lui faire signer le contrat de location. Un contrat de location prérempli peut être téléchargé sur de nombreuses plateformes ou signé directement sur un smartphone. Vous pouvez également équiper votre voiture avec « Drivy Open ». Cela vous permet de préparer les papiers pour la location en chemin et ne pas perdre de temps une fois sur place.

05. Récolter l'argent et documenter vos revenus dans un petit tableau comptable (pour la déclaration d'impôt).

Vous décidez vous-même des frais de location. Le prix moyen se situe autour de 30 euros par jour. Cependant, il dépend du nombre de kilomètres parcourus, de la période de location et de la marque ou du modèle de la voiture. Le choix du prix doit être fait en rapport avec ce que propose votre « concurrence ». Dès que vous recevez des évaluations positives, vous pouvez essayer de l'augmenter un peu.

L'autopartage est une source de revenus passifs intéressante et complémentaire. Cela ne fait pas de vous un riche, mais ce sont les petits ruisseaux qui font les grandes rivières.

Et surtout au début, nous devrions essayer de générer autant de revenus que possible afin de les réinvestir dans d'autres sources. Ce n'est que
de cette façon que nous pouvons accélérer l'effet exponentiel des intérêts
composés. Pour moi, l'autopartage n'est pas seulement une source de revenus passifs, mais aussi une façon de contribuer à une société plus durable.
Je crois fermement que nous consommons ou accumulons beaucoup trop
de choses qui pourraient être utilisées conjointement. L'utilisation d'un
outil de jardin tel qu'une tondeuse à gazon dans une communauté de voisi-
nage réduit non seulement les coûts d'investissement, mais augmente également la valeur de l'objet utilitaire, car il est utilisé plus fréquemment. À
cet égard, l'autopartage crée une situation gagnant-gagnant-gagnant pour
les locataires, les propriétaires et la nature. Une raison suffisante pour en
faire l'expérience !

Des revenus passifs grâce à la location immobilière

L'immobilier est l'une des plus anciennes sources de revenus passifs. Que ce soit pour faire de l'achat-revente, c'est-à-dire de la spéculation avec l'évolution des prix, ou de la location classique de maisons ou d'appartements - générer des revenus passifs grâce à l'immobilier est pour beaucoup le moyen le plus sûr et le plus agréable. Cependant, ce livre ne peut pas et n'aura pas les moyens d'être un guide en investissements immobiliers. Le sujet est trop vaste pour cela et je n'ai pas assez d'expérience dans le domaine. Mais surtout, un tel projet implique un investissement en capital considérable. Plusieurs dizaines à plusieurs centaines de milliers d'euros, que vous n'avez probablement pas (encore), tout comme moi. Bien que l'on connaisse actuellement une phase de faible taux d'intérêt qui permet d'envisager de contracter un prêt pour un bien immobilier et de le faire rembourser sur une plus longue période grâce au paiement du loyer du locataire, il y a toute une série de facteurs essentiels à prendre en considération. De plus, en raison de la manière dont le système monétaire est construit, je ne suis pas un fan de l'endettement, car cela va toujours de pair avec la dépendance financière. C'est pourquoi j'ai cherché des alternatives. Dans ce qui suit, je vous présenterai donc trois possibilités intéressantes et rentables pour gagner de l'argent passivement avec l'immobilier sans avoir à être un grand propriétaire foncier.

La location d'une chambre privée

Il y a de cela quelques mois, pour financer mon rêve d'être un auteur, je travaillais comme réceptionniste à Nuremberg. Là, j'ai pu observer que les prix ont presque explosé pendant les périodes de foire. Même dans les grandes villes, il ne semble pas y avoir assez d'hébergements pour certains événements. Cela conduit à une renaissance de la location de chambres privées.

Alors qu'il y a quelques années, la location de chambres d'hôtes était réservée exclusivement à des prestataires professionnels et commerciaux, de plus en plus de particuliers se lancent aujourd'hui dans ce secteur. Cette transformation est principalement due à Airbnb qui a développé une plateforme sur laquelle les particuliers peuvent proposer et louer des chambres via une application mobile. L'entreprise a démarré en 2008 et offre maintenant des hébergements dans plus de 190 pays à travers le monde.

Fasciné par l'explosion des prix pendant les périodes de foire, j'ai observé des évolutions de prix similaires sur la plateforme Airbnb et j'ai immédiatement pensé à l'opportunité de générer des revenus passifs supplémentaires. Et je ne pense pas que cette tendance prenne fin prochainement, bien au contraire ! Les loueurs cherchent à compenser la hausse des coûts de l'immobilier et les locataires à éviter les prix exorbitants des hôtels. C'est surtout dans les grandes villes et dans les lieux touristiques que Airbnb peut être une source lucrative de revenus passifs. En principe, il est gratuit d'insérer une annonce de votre logement sur Airbnb. Airbnb prélève une commission à la fois aux propriétaires et aux locataires. Alors que l'hôte doit s'attendre à des frais de service de 3 à 5 % du montant total, les clients se voient prélever entre 6 et 12 % de commission...

☆ Procédure à suivre

01 Il se peut que vous ayez besoin d'enregistrer une entreprise.

02 Prenez connaissance de la situation juridique locale.

03 Obtenez la permission du propriétaire pour sous-louer (si vous êtes locataire).

04 Connectez-vous à la plateforme et créez votre profil.

05 Mettez votre appartement en ligne. Rédigez une description attrayante (de préférence en anglais et en espagnol), prenez des photos de haute qualité et fixez un prix compétitif.

06 Utilisez les paramètres du calendrier pour définir à la fois la disponibilité du bien pour les mois à venir et le règlement intérieur de votre maison.

07 Attendez les premières demandes.

08 Répondez dès que possible aux prospects - et à tout le monde !

09 Planifiez le check-in, en particulier la remise des clés.

10 Assurez-vous de fournir des articles de base tels que du linge de lit propre, des serviettes de toilette et du papier hygiénique.

11 Airbnb prend en charge le processus de paiement avant l'arrivée des locataires. Vous pouvez ensuite collecter l'argent via PayPal ou virement bancaire.

12 La « garantie de l'hôte » protège chaque hôte, qui place une annonce sur le site, contre les dommages causés par inadvertance d'un montant maximum de 800 000 € - sans frais supplémentaires. De plus, l'assurance de protection de l'hôte vous dégage de toute responsabilité si les invités venaient à se blesser ou causer des dommages matériels.

Renseignements juridiques et fiscaux

Les revenus de location doivent être indiqués dans votre déclaration fiscale. Ce blog vous explique très bien la marche à suivre : www.corrigetonimpot.fr

☆ Conseils

01. Fixez un prix : analysez d'abord les prix de vos concurrents. Vous pouvez également demander une caution, mais vous n'en avez pas besoin, car les dommages ne dépassant pas la somme de 800 000 € sont couverts par la plateforme. Par conséquent, surtout au début, offrez des prix compétitifs afin de recueillir autant d'évaluations positives que possible. Plus tard, vous pourrez augmenter lentement vos prix. Votre prix final doit toujours refléter le service que vous offrez à vos invités. Lorsque vous calculez le prix, tenez compte des coûts des matériaux, du temps de préparation ou des coûts des aliments.

02. Recueillez autant d'évaluations positives que possible. Le meilleur moyen d'y parvenir est un contact intensif et courtois. De plus, vous pouvez offrir à vos invités un petit cadeau (par exemple des bonbons de votre région) en combinaison avec un flyer leur demandant de laisser une note au moment de leur départ.

03. Prenez des photos professionnelles. Vous gagnerez en sérieux. Vous pouvez même demander la visite d'un photographe professionnel - complètement gratuit, via le site web d'Airbnb ! Les photos sont mises en ligne en l'espace de quatre semaines. Ceci est particulièrement recommandé car Airbnb place les offres avec de belles photos, plus haut dans les résultats de recherche. Votre appartement doit faire bonne impression. La propreté et la luminosité sont des essentiels, et un bel arrangement floral peut faire des merveilles.

04. Faites des offres de dernière minute et des prix pour des occasions spéciales (p. ex. des prix moins chers en semaine ou des prix particulièrement élevés ou bas le week-end).

05. Rédigez aussi la description dans d'autres langues. Plus vous parlez de langues, plus votre logement sera populaire auprès des hôtes étrangers.

06. Ne demandez pas de frais de nettoyage, car ils ne font que rendre votre logement inutilement cher.

07. Établissez un contact agréable avec vos invités dès les premiers échanges.

08. Écrivez votre description avec amour et énumérez explicitement les avantages de votre logement.

09. Répondez rapidement aux messages. Votre classement en dépend aussi ! Faites donc tout pour que la plateforme vous catapulte vers les places les plus hautes des résultats du moteur de recherche.

10. Juste au début, offrez une prestation supérieure au prix que vous avez fixé afin d'attirer un maximum de nouveaux clients et de vous assurer des évaluations positives.

Ce concept peut également être utilisé pour louer et sous-louer non seulement un appartement, mais aussi plusieurs appartements à la fois. À mon avis, il n'est pas exclu qu'il y ait bientôt de plus en plus de professionnels sur Airbnb. D'ailleurs, l'ensemble du système est particulièrement attrayant pour les propriétaires de maisons / appartements de vacances. C'est aussi mon but. J'aimerais avoir 4-5 appartements de vacances, que je pourrais sous-louer. De plus, à l'étranger, la législation est beaucoup moins stricte. Et le créneau qui consiste à combiner des offres avec des descriptions et des photos professionnelles en anglais, français et espagnol n'a guère été utilisé jusqu'à présent.

Revenus passifs des actions immobilières (REITs)

Les REITs (Real Estate Investment Trusts) sont une façon d'investir passivement dans l'immobilier et de gagner une petite fortune sans avoir à posséder un énorme patrimoine. D'une manière générale, cette stratégie permet de bénéficier des hausses de prix sur le marché immobilier. Les actions immobilières sont des sociétés cotées qui investissent principalement dans l'immobilier, l'acquièrent, le gèrent et le revendent. Les fiducies de placement immobilier, en abrégé FPI (en anglais REIT), sont une sous-catégorie. Elles constituent donc une alternative intéressante pour les petits investisseurs qui souhaitent néanmoins générer des revenus immobiliers passifs. Les paiements peuvent être effectués mensuellement ou annuellement. Mais pourquoi devrions-nous inclure des actions immobilières dans notre portefeuille de revenu passif ?

Avantages des FPI :
1. L'indice des valeurs immobilières FTSE EPRA/NAREIT a évolué de façon similaire à l'indice MSCI World ces dernières années.

Cela reflète l'évolution de l'ensemble du marché boursier et constitue donc un excellent point de référence. Mais pourquoi investir dans des actions immobilières si vous pouvez également obtenir un rendement de 10 % avec l'indice MSCI World ?

2. Les FPI ont une très faible corrélation avec l'ensemble du marché des actions. Comme vous le savez déjà, cela signifie que ces deux classes d'actifs ne se développent pas en parallèle. Cela est extrêmement positif pour nous parce que nous pouvons ainsi bénéficier de la théorie du portefeuille de Markowitz et de l'effet de diversification. Ainsi, avec les FPI, vous pouvez réduire le risque de l'ensemble de votre portefeuille - et tout cela avec le même rendement attendu.

3. Enfin, les FPI vous offrent des ratios de distribution supérieurs à la moyenne. Ces dividendes vous procurent un revenu passif attrayant. Il stipule qu'au moins 90 % des bénéfices doivent être distribués aux actionnaires (tant que des bénéfices sont générés). Vous disposez ainsi d'un flux de dividendes régulier et prévisible. Les actions de FPI peuvent être assignées à la famille des actions de dividendes ou appelées FNB d'actions immobilières.

Les REITs vous permettent d'ajouter la classe d'actifs « immobilier » à votre portefeuille global sans bloquer trop de capital dans un immeuble autofinancé. Cela rend votre investissement beaucoup plus liquide. De plus, non seulement vous diversifiez votre portefeuille, mais vous bénéficiez également de taux de distribution élevés. Il est donc logique d'ajouter les FPI à votre portefeuille global. Un taux de mélange d'environ 5-10 % est un bon compromis. Pour que vous puissiez commencer tout de suite, j'ai listé dans la dernière partie de ce sous-chapitre, quelques actions immobilières attrayantes d'Allemagne et des Etats-Unis ainsi qu'un indice immobilier (ETF).

FPI recommandées :

Fair Value REIT-AG Aktie (Allemagne) → *ISIN : DE000A0MW975*

Hamborner REIT Aktie (Allemagne) → *ISIN : DE0006013006*

alstria office REIT-AG Aktie (Allemagne) → *ISIN : DE000A0LD2U1*

RX Reit All Share TR (ETF) → *ISIN : DE000A0MEN82*

American Tower Aktie (USA) → *ISIN : US03027X1000*

Essex Property Trust Aktie (USA) → *ISIN : US2971781057*

Public Storage Aktie (USA) → *ISIN : US74460D1090*

Le crowdinvesting dans l'immobilier

Nous sommes sur le point de mettre fin à notre voyage dans le monde des revenus passifs. J'espère que vous vous sentez maintenant beaucoup plus à l'aise dans le domaine. Vous remarquerez qu'il est relativement facile de se constituer un ou plusieurs flux de revenus passifs. Pourtant, votre attitude à l'égard de l'argent et des revenus passifs finit par vous détourner du bon chemin. Mais vous ne pouvez réussir financièrement que si vous parvenez vous-même à reprendre les rênes, à ne pas vous décourager face à certains risques et surtout à oser la chance.

La dernière possibilité de gagner de l'argent passivement avec des investissements immobiliers a été évoquée dans le chapitre « Crowdinvesting ». Néanmoins, j'aimerais y revenir un instant. Sur Bergfürst.com (disponible uniquement en Allemand pour l'instant) vous pouvez gagner de l'argent passivement avec l'immobilier à partir d'un investissement minimum de 10 euros. L'avantage ici est que vous bénéficiez de taux d'intérêt fixes compris entre 5 et 7 %.

En outre, vous pouvez également y proposer encore et encore vos placements à la vente, à l'instar d'une action. De plus, vous pouvez diversifier votre risque avec de nombreux placements sans avoir à renoncer à des rendements.

De mon point de vue, ce type de revenu passif est encore plus avantageux que les FPI, car vous pouvez voir exactement dans quels biens votre argent est investi, le rendement auquel vous pouvez vous attendre et l'échéance de l'investissement, le tout sans aucun coût de transaction.

À cet égard, l'investissement immobilier peut également devenir une source précieuse de revenus passifs et ne doit pas manquer dans votre « portefeuille global de liberté financière. »

Bonus : la règle de l'investissement selon Bouddha

« À quoi sert l'argent si ce n'est pas pour améliorer le monde ? »
Elizabeth Taylor

Vous êtes maintenant équipé de trucs et astuces pratiques pour vous construire non seulement une mais plusieurs sources de revenus passifs. J'espère aussi qu'au fur et à mesure de votre lecture quelque chose a changé dans votre attitude spirituelle à ce sujet. Le but de ce livre aura ainsi été atteint. Néanmoins, je voudrais vous présenter une règle inspirante que l'on doit au grand Bouddha.

C'est une stratégie facile à mettre en œuvre, qui fonctionne et couvre tous les domaines importants. Je souhaite vous la présenter dans ce chapitre bonus. Il y a des milliers d'années, Bouddha parlait déjà de « l'argent. » Dans ses descriptions, il apparaissait clairement à quel point il est important de diviser l'argent en plusieurs éléments. Il a abordé ce sujet d'une manière globale et exceptionnelle. Deux mille cinq cents ans plus tard, cette stratégie est encore valable. Dans le « Adhiya Sutra », il recommande de manière pragmatique de diviser le revenu en 4 parties.

La première partie du revenu vous est destinée
Avant de prendre soin des autres, vous devez satisfaire vos propres obligations. Par conséquent, une partie de votre revenu devrait être utilisée pour payer les dettes. Bouddha inclut aussi la consommation quotidienne et les plaisirs. Cette partie de l'argent couvre donc l'assurance, la voiture, le loyer, la dette, les courses, ainsi que les vacances, les visites au parc d'attractions...

La deuxième partie sert de matelas
Le matelas de trésorerie est conçu pour amortir les dépenses imprévues.

Cela permet de s'assurer que vous ne vous retrouviez pas dans une situation difficile en raison de dépenses spontanées plus ou moins importantes ou que vous ne soyez pas confronté à des problèmes existentiels. Ce matelas est important parce qu'il vous apporte une sécurité financière qui vous procure un sentiment croissant de liberté. Cet argent vous appartient et est disponible. C'est donc pour vous le moyen de vous libérer de l'esclavage par l'argent !

Il est donc conseillé de virer chaque début de mois un montant de garantie sur un compte épargne. C'est extrêmement important pour apprendre à vous débrouiller le reste du mois avec l'argent dont vous disposez. Laissez ce matelas croître jusqu'à ce qu'il représente trois mois de salaire.

La troisième partie sert à votre business
Les enseignements de Bouddha sont de nature pragmatique. C'est ce que montre également la recommandation qu'il fait au sujet de la troisième partie de votre revenu. À mon avis, il s'agit de liberté financière.

Bouddha nous conseille d'investir cette partie dans notre arbre à argent.

Il parle, en fait, de réinvestir une partie de nos revenus dans notre éducation (continue), notre indépendance et/ou nos revenus passifs. Cette recommandation correspond donc à la constitution d'actifs, de connaissances supplémentaires et d'autres compétences. J'ai divisé ce conseil en deux sous-parties. Dans la première, il s'agit de se payer des séminaires, des livres et des cours. Cela afin d'élargir ses connaissances et d'améliorer ses compétences. Dans la deuxième, il s'agit de se construire un revenu passif. Je fais cela chaque début de mois.

La quatrième partie est réservée aux dons
La loi universelle de la réciprocité dit – « il faut donner pour recevoir ! » Pour aider les autres, Bouddha propose de donner la quatrième partie du revenu.

C'est à vous de décider qui ou quelle organisation vous voulez soutenir. Vous utilisez donc cette somme d'argent de façon réfléchie. Vous aidez ainsi ceux qui, contrairement à vous, n'ont pas pu profiter de bonnes conditions dans leur enfance. Ils doivent affronter d'encore plus grands obstacles pour pouvoir se libérer. C'est pourquoi j'ai paramétré un virement permanent avec un montant fixe chaque début de mois.

Ces recommandations de Bouddha vous ont-elles convaincu pour que vous les mettiez en application ? Si c'est le cas, vous vous posez certainement la question :

« Combien d'argent représente chacune des quatre parts ? »

Bouddha n'a sur ce point - je pense tout à fait consciemment - pas donné plus de précisions. C'est à vous de décider. Vous devez prendre cette décision vous-même en fonction de vos possibilités et de vos préférences ! Toutefois, dès que vous avez défini une certaine répartition, il est conseillé de la conserver. De cette façon, vous créez une routine mensuelle et maintenez un budget discipliné, raisonnable et équilibré à tous les égards. De plus, vous pouvez aider d'autres personnes avec seulement quelques euros par mois.

Les 8 plus grosses erreurs que vous devez absolument éviter

*« La possession ne nous rend pas aussi heureux
que la perte nous rend malheureux. »*
SAGESSE CHINOISE

Au cours des recherches menées pour écrire ce livre, je me suis heurté à des erreurs qui sont principalement commises par les débutants. Alors lisez attentivement cette liste si vous ne voulez pas tomber dans le panneau. Elle contient des erreurs que je fais encore moi-même inconsciemment.

1. Vous êtes obnubilé par les revenus passifs

Assurez-vous de ne pas mettre toute votre énergie dans un seul objectif, à savoir la constitution de revenus passifs. En effet, plus votre revenu actif augmente, plus vous pouvez investir dans vos flux de revenus passifs. Essayez donc en même temps d'accroître votre revenu actif. Faites-en sorte d'être actif dans les choses qui vous rapportent de l'argent. Puis réinvestissez ce capital dans des flux de revenus passifs. Vous bénéficierez alors au maximum de l'accroissement de vos revenus passifs et de l'effet des intérêts composés.

2. Vous ne faites rien et ne commencez pas à entreprendre quelque chose

Il vaut mieux perdre de l'argent que de ne rien faire. Le revenu passif n'a rien à voir avec le fait de ne pas avoir à travailler pour lui.

S'il vous plaît, ne tombez pas dans ce malentendu ! Passez à l'action dès aujourd'hui. Construire une routine quotidienne et investir au moins 5 minutes par jour dans des sources de revenus passives vous aidera beaucoup. Vous ne savez pas par où commencer ? Le seul conseil que je puisse vous donner est de commencer à faire quelque chose. Une longue quête commence toujours par un premier pas ! Maintenant que vous avez compris l'effet des intérêts composés, il devrait être clair pour vous que la pire chose que vous puissiez faire est de commencer trop tard.

3. Vous êtes trop réactif et pas assez proactif

Si la numérisation simplifie beaucoup de choses pour nous, elle provoque aussi un problème majeur : la léthargie et la réactivité. Les véritables activités génératrices de revenus ne sont jamais réactives, mais toujours proactives. Essayez de minimiser vos activités réactives et de les remplacer par des activités proactives. Au lieu de vérifier les courriels, Facebook ou Instagram, de passer des coups de fils ou d'écrire sur WhatsApp, vous pouvez investir, vous constituer des actifs, écrire, lire ou essayer de nouvelles idées de business.

4. Vous vivez au-dessus de vos moyens

Pour devenir financièrement libre, vos dépenses sont aussi importantes que vos revenus. Ainsi, si vous accumulez progressivement des revenus passifs, tout en restant financièrement dépendant, vous vivrez au-dessus de vos moyens. Pour que ça n'aille pas aussi loin, vous devriez également passer vos dépenses à la loupe. Il existe d'innombrables façons de dépenser moins d'argent et d'obtenir un rendement instantané. Quoi qu'il en soit, je pense que le minimalisme est la meilleure stratégie pour atteindre la liberté financière.

5. Vous n'avez pas diversifié vos revenus passifs

Une erreur que je vois particulièrement souvent est de mettre tous ses œufs dans le même panier. Plus vous mettez d'œufs dans le même panier, pire ce sera lorsqu'il vous échappera. Diversifiez dès le départ vos flux de revenus passifs.

Ayez recours à des sources en ligne et hors ligne et vous accumulerez des actifs de manière très, très sécurisée sur le long terme et générerez des flux de revenus passifs en constante augmentation.

6. Vous vérifiez constamment le solde de votre compte

Je sais, surtout au début, c'est fascinant quand les premiers euros tombent passivement sur votre compte bancaire. Vous pouvez très rapidement être tenté de regarder plusieurs fois par jour comment les choses se développent. Cependant, il ne s'agit pas seulement d'une activité réactive, mais cela peut aussi être décourageant si la progression ne va pas dans le bon sens. De plus, vous devenez complètement obnubilé par votre revenu passif. Cela vous enlève la liberté que vous êtes sur le point de vous construire ! Laissez donc vos investissements tranquilles et ne regardez pas plus d'une fois par mois leur rendement.

7. Vous avez des attentes trop élevées

Un investissement prend du temps à se développer ! Beaucoup de gens qui veulent gagner de l'argent passivement sont motivés avant tout par l'appât du gain. Cependant, cela peut être problématique parce que vous avez besoin à la fois de liquidités et d'endurance. Vous devez d'abord devenir actif dans la construction d'un revenu passif et y mettre toutes vos connaissances. C'est seulement ensuite que vous devrez assumer la position d'investisseur passif à long terme. Ne vous attendez pas à récolter dès demain vos premiers gains, mais travaillez plutôt - en tant qu'entrepreneur souhaitant des revenus passifs - encore et toujours à la constitution de vos sources d'argent. À long terme, vos efforts s'accumuleront et deviendront des flux de revenus torrentiels.

8. Vous ne poursuivez aucune stratégie et ne réinvestissez pas

Je me suis toujours demandé comment peut-on devenir aussi rapidement et efficacement que possible un « entrepreneur aux revenus passifs » ? Après tout, la plupart d'entre nous commence avec un faible capital. Le bien le plus important est et reste notre temps.

C'est pour cette raison, que vous devez dès le départ investir le plus possible, pour que vos sources de revenus soient par la suite importantes. De
mon point de vue, il est donc préférable d'investir dès le début, beaucoup
de temps dans les flux de revenus passifs en ligne. Cela soutient votre motivation et renforce votre confiance en vous. La location d'objets de la vie
quotidienne est particulièrement adaptée à cela, mais le marketing d'affiliation et l'e-mail marketing peuvent également générer directement des
flux de revenus passifs. Mes revenus, qu'ils proviennent de revenus passifs
ou actifs, sont en partie réinvestis dans des revenus passifs en ligne, mais
la part du lion est chaque mois réservée aux investissements en capital.
Ils promettent, en effet, des rendements plus élevés sur la durée avec un
investissement en temps minimum. Le réinvestissement dans des flux de
revenus passifs est extrêmement important si vous voulez réduire le temps
d'attente avant d'atteindre la liberté financière de façon exponentielle. Ceci
devrait absolument devenir votre maxime !

Conclusion

« Les grands sauts prennent beaucoup de temps. »
ANONYME

Écrire un livre est toujours une expérience nouvelle et unique pour moi. Je compare cela à l'expérience d'une naissance. Quelle que soit l'intensité avec laquelle on s'intéresse aux aspects théoriques, la réalité de l'expérience pratique est complètement différente. La plupart de mes livres précédents sont basés exclusivement sur des expériences personnelles. Pour moi, le plus grand défi est de parvenir à combiner la théorie et la pratique. Le résultat de cette association est un livre de très bonne qualité. C'est ce que je recherche. Le mythe selon lequel il est difficile de créer des flux de revenus passifs devrait à présent être en partie détruit. Grâce à la digitalisation, tout le monde a désormais la possibilité de se constituer un deuxième revenu attractif - même sans connaissances préalables, sans longues recherches et sans un investissement important en temps.

J'espère vivement que désormais, vous aussi vous vous sentez en mesure de prendre le contrôle de votre vie financière et qu'avec l'aide des stratégies présentées, vous parviendrez à plus d'indépendance.

Ce qui est formidable, c'est que vous pouvez commencer à accumuler des revenus passifs tout en gardant votre emploi principal, continuant vos études ou votre formation. Au fur et à mesure, vous serez en mesure de réduire votre investissement en temps tout en augmentant vos revenus.

Ensuite, vous utiliserez tout le potentiel de cette méthode de gain passionnante. Vous commencerez activement à préparer votre avenir. De mon point de vue, la retraite est tout sauf sûre.

Donc, si vous n'avez pas encore commencé, devenez actif maintenant. Même si vous faites des erreurs, et cela arrivera dès le début, vous apprendrez, grandirez et acquerrez une expérience pratique précieuse. C'est la seule chose qui compte vraiment dans la vie.

En guise de motivation supplémentaire, j'ai créé un groupe Facebook fermé pour tous les lecteurs de ce livre. Là, vous pouvez échanger des idées avec les autres membres du groupe, vous pouvez vous entraider et vous soutenir mutuellement. Vous pouvez le trouver en entrant "Adieu métro-boulot-dodo !" dans le champ de recherche.

Je vous souhaite beaucoup de succès sur la voie de la liberté financière

Chris

« *Le succès a six lettres. ACTION.* »
JOHANN WOLFGANG VON GOETHE

Avez-vous appris quelque chose de cette lecture ?

Nous en arrivons maintenant à la partie du livre où je vous demande une petite faveur. Si vous ne le saviez pas déjà, les avis sont extrêmement importants lorsque l'on vend un produit. Les clients se fient à vos commentaires lorsqu'ils prennent des décisions d'achat. Vos critiques aident mes livres à devenir plus visibles sur la plateforme presque surpeuplée qu'est Amazon. Si vous avez aimé ce livre, je vous serais très reconnaissant de votre évaluation.

Vous pouvez également laisser un commentaire sur la page du produit Amazon du livre "Adieu métro-boulot-dodo".

Partagez votre opinion avec les autres clients

Ecrire un commentaire client

Je lis vraiment tous les commentaires et toutes les réactions personnelles (*contact@financepreneur.fr*). Cela m'aide énormément à améliorer constamment mes livres. C'est pourquoi je vous serais très reconnaissant d'évaluer ce livre en étant honnête.

Merci encore une fois pour votre patience et votre soutien. Avec tous mes vœux de réussite.

Recommandation de lectures
d'autres auteurs

Enfin, j'aimerais vous présenter quelques classiques de la littérature financière pratique. Ceux qui lisent beaucoup apprennent et acquièrent les connaissances de base nécessaires pour pouvoir agir avec détermination. « Les lecteurs sont des leaders ! » Pour moi, chaque livre est précieux, car chaque livre montre au moins un aspect nouveau et important.

Père riche, père pauvre (Robert Kiyosaki)
Réfléchissez et devenez riche (Napoleon Hill)
L'homme le plus riche de Babylone (George Clason)
La semaine de 4 heures (Timothy Ferriss)
Tout le monde mérite d'être riche (Olivier Seban)
Comment je me suis constitué un patrimoine de plusieurs millions d'euros avec un salaire de 1750 euros (Goulwenn Tristant)
Comment se faire des amis (Dale Carnegie)
Les 4 piliers pour devenir riche : Sans savoir cela on ne peut pas s'enrichir (Christian Dubois)
The Big Five for Life (John Strelecky)
Money (Tony Robbins)

Remerciements

Lorsqu'un livre est publié, l'auteur est presque toujours au centre de l'attention. Les grands commentaires et les lettres des lecteurs lui sont exclusivement adressés, bien que beaucoup d'autres personnes aient joué un rôle décisif dans sa création. Qu'il s'agisse de penseurs, d'éditeurs, de lecteurs tests ou de designers, un livre serait une tâche herculéenne sans ces personnes. Tel sera sans doute encore le cas à l'avenir. Sans l'aide de mes parents, qui ont relu et corrigé patiemment, ce livre ne serait pas aussi parfait. Je ne vous remercierai jamais assez souvent pour la confiance que vous m'accordez, votre foi en mes capacités et votre encouragement à suivre ma propre voie. Encore et encore, merci ! Ma petite amie Luisa a un don unique. Elle m'encourage toujours à continuer quand j'aimerais jeter l'éponge. Sans les idées inspirantes et les bons conseils de Basti, le chapitre sur les investissements P2P aurait été limité dans son aspect pratique. Andi, Basti et Matthias méritent des éloges en tant que correcteurs et lecteurs tests fidèles. Jens, co-auteur de plusieurs titres précédents, a également été une source précieuse d'idées et un grand soutien, surtout pendant le lancement du livre. Stefan est le meilleur designer que vous pourriez souhaiter. Il a toujours des idées innovantes et me surprend encore et encore avec ses couvertures sensationnelles. Je vous remercie pour votre soutien sans faille !

Clause de non-responsabilité et informations selon le §34b de la loi alle mande WpHG

L'utilisation de ce livre et la mise en pratique des informations qu'il contient s'exerce à vos propres risques. Ce livre est un guide des stratégies de succès possibles, mais il ne constitue pas une garantie de succès et est basé uniquement sur l'opinion personnelle de l'auteur. L'auteur et l'éditeur n'assument donc aucune responsabilité si vous n'atteignez pas les objectifs décrits dans le livre. La responsabilité de l'éditeur et de l'auteur pour les dommages matériels ou immatériels causés par l'utilisation ou la non-utilisation des informations ou par l'utilisation d'informations incorrectes et/ou incomplètes est exclue. Les demandes de dommages-intérêts sont donc exclues. Cette œuvre, y compris tous les contenus, a été réalisée avec le plus grand soin. Toutefois, l'éditeur et l'auteur déclinent toute responsabilité quant à l'actualité, l'exactitude, l'exhaustivité et la qualité des informations mises à disposition. Des erreurs d'impression et des informations incorrectes ne peuvent pas être complètement exclues. L'éditeur et l'auteur déclinent toute responsabilité quant à l'actualité, l'exactitude et l'exhaustivité du contenu du livre, ainsi que pour les erreurs d'impression. L'éditeur ou l'auteur ne peuvent en aucun cas être tenus responsable des informations erronées et de leurs conséquences. Les exploitants des sites Web respectifs sont seuls responsables du contenu des sites Web imprimés dans ce livre. L'éditeur et l'auteur n'ont aucune influence sur la conception et le contenu des sites Internet de tiers. L'éditeur et l'auteur se distancient donc de tout contenu externe. Au moment de l'utilisation, il n'y avait aucun contenu illégal sur les sites Web. Les actions négociées, les ETFs, les prêts P2P et les fonds comportent toujours des risques. Tous les textes, notes et informations ne constituent pas des conseils ou recommandations d'investissement. Ils ont été tirés de sources publiques, au meilleur de nos connaissances et de nos croyances. Toutes les informations fournies (toutes les pensées, prévisions, commentaires, astuces, conseils, etc.) sont uniquement à des fins éducatives et de divertissement privé. Néanmoins, aucune responsabilité ne peut être assumée pour l'exactitude dans chaque cas individuel. Si les visiteurs de ce site adoptent les contenus proposés comme étant les leurs ou suivent des conseils, ils agissent sous leur propre responsabilité.

* = lien d'affiliation

Un clic sur ce lien est gratuit pour vous. Si vous choisissez un produit, vous payez le même prix que si vous n'aviez pas cliqué sur le lien. Cependant, il est précieux pour moi parce que grâce à lui, vous soutenez mon travail - sous la forme d'une petite commission. Cela sûr seulement si vous décidez après avoir cliqué, d'acheter le produit ou l'offre. Merci à vous d'avance, j'apprécie vraiment.

KLHE *finance*

www.ingramcontent.com/pod-product-compliance
Lightning Source LLC
Chambersburg PA
CBHW031929190326
41519CB00007B/467